漢史論集

韓復智著

文史哲學集成
文史哲出版社印行

漢史論集 / 韓復智著 -- 初版 -- 臺北市：文史哲, 民 99.11 印刷
頁； 公分（文史哲學集成；46）
參考書目：頁
ISBN 978-957-547-253-5 (平裝)

622.1

文史哲學集成 46

漢 史 論 集

著　　者：韓　復　智
出 版 者：文　史　哲　出　版　社
http:// www.lapen.com.tw
e-mail：lapen@ms74.hinet.net
登記證字號：行政院新聞局版臺業字五三三七號
發 行 人：彭　正　雄
發 行 所：文　史　哲　出　版　社
印 刷 者：文　史　哲　出　版　社
臺北市羅斯福路一段七十二巷四號
郵政劃撥帳號：一六一八〇一七五
電話 886-2-23511028 · 傳真 886-2-23965656

實價新臺幣三四〇元

中華民國六十九年（1980）十月初版
中華民國九十九年（2010）十月 BOD 初版一刷

ISBN 978-957-549-253-5 00046

自序

這本小冊子，共包括五篇論文。第一篇是在民國五十六年（一九六七）年寫的。此後，除忙着教學外，即從事於「中國通史論文選輯」和「國民中學歷史教科書」的編輯工作，直到把這兩項工作完成後，從六十四年到六十六年（一九七五——七七），又陸續寫了四篇。這些論文，都是先後在「思與言」、「國立編譯館館刊」和「國立台灣大學歷史學系學報」上發表過的。在此期間，雖寫了一篇「傅玄與傅咸父子的經濟學說」，但不屬於漢史的範圍；六十七年迄今，又寫了大約五萬餘字的「東漢大思想家王符之研究」一文，相繼刊於台灣大學歷史學系學報第五、六期，然至目前，尚未全部殺青，所以都不能把它們在此一併印出。這五篇論文，大都是關於漢代社會經濟問題的探討，目的是想對漢史上一些重要的問題，提出個人粗淺的看法。

我們知道，漢代是我國歷史上的第一個盛世，其文化不僅在世界史上具有崇高的地位，尤爲我國歷史的基礎和骨幹，然而，這維持了四百餘年的大帝國，後來終於衰亡了。野諺云：「前事之不忘，後事之師也」。賈誼也說：「是以君子爲國，觀之上古，驗之當世，參以人事，察盛衰之理，審權勢之宜，去就有序，變化有時，故曠日長久而社稷安矣」。這也是我寫這些文字的動機。

在這幾篇論文中，有些是經「國家科學委員會」獎助研究完成的。它能和讀者見面，是由於沈景鴻兄的促成；同時，文史哲出版社負責人彭正雄先生願意將它印出；內子蔡美玉女士幫我非常細心的校對，這都是我十分感謝的。此外，臺靜農師的賜題封面，更使我非常感幸。

最後，要說的是，由於個人學識疏淺，在這幾篇論文裏，一定有不少的錯誤，深希方家不吝指教。

六十八年（一九七九）十二月二日韓復智於國立臺灣大學歷史學系研究室

漢史論集

目錄

兩漢經濟問題的癥結

土地兼并和商業資本的畸形發展，是兩漢經濟上的根本問題。這是長期經濟與社會的發展釀成的。自從春秋以來，各國相互競爭，為了足兵足食，於是促進土地的私有，農業的發展，人口的增加，交通的頻繁，工商業的勃興，與大城市的興起（註一）。然而人類雖能創造歷史，但不能自由選擇歷史，就在這經濟迅速發展的過程中，同時也暴露出貧富懸絕，與土地兼并的矛盾現象。當時的政府和學者，雖裁抑工商，力倡均富重農，然人誘於私慾和重利，終難阻止住這種趨勢的繼續發展；又戰爭連年，同時也使經濟和社會遭受到嚴重的破壞（註二）。直到漢帝國初建，全國滿目瘡痍（註三），高祖目睹此種悽慘的景況，深知農業是人民衣食的本源，工商業者所資，農民又佔全國人口的大多數，所以，為安定社會，鞏固政權，必須重農；又政府一切消費，端賴農民的租稅（註四）。因而便推行一項重農政策。其內容是：(1)安輯流亡，(2)減輕賦稅，(3)獎勵繁息人口，(4)提倡農業生產（註五）。此外，他鑒於社會上充滿了戰國以來的富商大賈與強宗豪族的舊勢力，尤其前者最為活躍（秦漢之際的大亂，對於資本家，與其說是摧殘，毋寧說是解放；因為富人逃生，照例比貧民容易；而勾結將吏，趁火打刼，尤其是亂世資本家的慣技（註六）。他們乘「漢興，海內為一，開關梁，弛山澤之禁。」（註七）

周流天下，從事交易，並趁戰後經濟尚未復甦，與幣制尚未穩定之際，囤積居奇，壟斷物價，使米石值萬錢，馬每匹值百金，農民深受其苦。其次，他認爲自己以天子之尊，尚坐不起純駟馬車，而這些發戰爭財的富商大賈，倒「衣絲乘車」（註八），神氣十足。因於卽位後的第三年（199 B. C.），下令商人不能「衣錦繡綺縠絺紵罽，操兵，乘（車）騎馬。」（註九）「重租稅以困辱之。」（註一〇）並命其子孫不得仕宦爲吏。這種重農政策，雖使全國的經濟社會呈現出「民務稼穡，衣食滋殖。」（註一一）的安樂景象，但抑商措施却無效果。因爲他雖用政治力量將他們踢出政治圈外，僅能消極的限制商人過份享受，及其社會地位，並不能積極阻止其對農民過份的剝削；同時雖對他們課以重稅，然而他們更會不動聲色的再轉嫁到消費者的身上。因此，愈使農民遭受更重的剝削，所以這種抑商的辦法，不僅白費心血，而且歷史的發展對他們更加有利，在放任主義下，使他們將兩漢的工商業發展到最高峯。

漢初，主張放任的黃老思想，是適應當時環境要求而產生的。文帝時，厲行這種思想的結果，除在政治上對外助長匈奴的侵擾，對內釀成諸王的跋扈，與伏下後日七國之亂外，對經濟上的影響也很大。在放任主義與私有財產制下，人人都努力自謀，社會上已是財富豐殖，奠定下後日武帝開疆拓土的基礎；然而自由競爭的結果，貧富懸殊，形成豪族富賈和貧民階級的對立。今分述于下：㈠高祖變更幣制，導致了物價暴漲。高后時，爲挽救這種危機，曾先後實行兩項辦法：⑴發行八銖錢與五分錢；仍准許流通榆莢錢。⑵禁止盜鑄。然都無效。文帝五年（175 B. C.）因「錢益多而輕」（註一二），乃「更鑄四銖錢，其文爲半兩。」（註一三）使得幣制愈不統一。同年，廢除「盜鑄錢令」（註一四），准許人民自由鑄造，但這種行業平民無力經營，於是富商大賈紛紛驅使奴隸與賤價傭工，入山採銅，設廠鑄幣。因鑄造自由，發行數量遂不斷增加，然幣值與其數量成反比，結果造成金融界的大混亂，通貨膨脹，物價飛騰，資本家雖大獲其利，人民卻深受其害。㈡漢朝統一中國後，因廢除過去橋樑與關口的通過稅，以及開放山澤，聽人民墾殖的結果，給工商業一個空前自由發展的機會。據司馬遷估計，當時通都大邑至少有三十幾種企業，各在一定規模內，可使企業家每年收入比得上食邑千戶的封君（每戶年收二百錢）（註一五），而且這些富商大賈往往把剩餘的資本購買土地，變成大地主，於是他們「顓川澤之利，管山林之饒」，（註一六）或抽歲收十分之五的田租。他們每年有這麽多的收入，生活自然力求奢侈享受，這和被政府急征暴斂，商人乘機剝奪，把所有東西全部賣掉，以償還債務的貧民，簡直形成一種強烈的對比。尤其惠帝頒布的買爵贖罪制，與文帝的買復制，無形使富商大賈變成特權階級，祇要他們用錢買爵若干級，就可免除死刑，就可終身免除徭役（註一七）。因而形成貧富階級的對立。總之，在放任主義下，表面上雖是一片繁榮安樂的景象（註一八），但整個社會財富的增加，並不是每個人的生活都獲得改善，大多數的農民仍然拚命在生命線上掙扎。這就是凱恩斯所說的，貧窮於富足之中的矛盾現象。當時賈誼與鼂錯目睹這種危機，亟思挽救，乃相繼發出重農貴粟的呼聲。

求富逐利是人類的天性。自從戰國以來，人民逐利的觀念是「用貧求富，農不如工，工不如商，刺繡文不如倚市門。」（註一九）文帝時，去戰國不久，人民多背本趨末。此外，當時帝國危機四伏，內有貳心諸侯陰謀不軌，外有匈奴侵擾。賈誼認為農業是民生的根本，與謀求安定，致力和平的基本力量，但在這種捨本逐末，競相侈靡，以及生產者少，消耗者多的情況下（註二〇）不僅將引起社會秩序的紛亂與道德的墮落，尤其國家的財富也將有枯竭的危險（註二一），如猝然有警，或遇凶年，在天災人禍相乘下，帝國的命運實不堪想像。因此他認為只要食穀多，財富充足，天下的情勢就操之在我（註二二）。所以他主張讓人民「歸之農，皆著於本，使天下各食其力，末技游食之民轉而緣南畮。」（註二三）這樣始可達到富安天下的目的。因而他提出兩項辦法：(1)政府將全國的銅收歸國有，與統一貨幣。如此不僅迫使採銅鑄幣者都從事農業生產，不僅能平抑物價，商賈也就無利可圖，國家也因而富實了。(2)作禮改制，使上下有等，凡車輿衣服和用具等均應嚴格劃分，庶民不得僭侈，並力倡節儉，視奢侈品為廢物。如此，奇技淫巧的手工業者既無工作，商人也無從牟利，最後自然歸之於農（註二四）。客觀說，其第一種主張，確有遠見，不僅暗合貨幣學的原理，也很可能限制住商人過份的發展，祗惜文帝沒採納他的建議，直到武帝始付諸實現。至於第二種辦法，似乎只是一種構想。

在鼂錯時代，漢帝國內外的情勢益形緊張，社會與經濟的病態也日趨嚴重，為人陗直刻深的鼂錯，深知內除貳心諸侯的威脅，外戰匈奴强敵，首先要富國强兵；富强之道，在足食足兵；然而食糧產自農業，若農業衰敝，食糧自然匱乏，這樣人民不僅易於為亂，同時也無法養兵，所以食糧對治國安民十分重要。（註二五）因此，欲達到足食足兵與富强之目的，首先勸民務農。但當時農民生活異常窮困。據他的觀察是：

今農夫五口之家，其服役者不下二人，其能耕者不過百畮，百畮之收不過百石。春耕夏耘，秋穫冬藏，伐薪樵，治官府，給繇役；春不得避風塵，夏不得避暑熱，秋不得避陰雨，冬不得避寒凍，四時之間亡日休息；又私自送往迎來，弔死問疾，養孤長幼在其中。勤苦如此，尚復被水旱之災，急政暴虐，賦斂不時，朝令而暮改，當具有者半賈而賣，亡者取倍稱之息，於是有賣田宅，鬻子孫，以償債者矣。而商賈大者積貯倍息，小者坐列販賣，操其奇贏，日游都市，乘上之急，所賣必倍。故其男不耕耘，女不蠶織，衣必文采，食必粱肉；亡農夫之苦，有仟佰之得。因其富厚，交通王侯，力過吏勢，以利相傾；千里游敖，冠蓋相望，乘堅策肥，履絲曳縞。此商人所以兼并農人，農人所以流亡者也。（註二六）

所以，他認爲在「今法律賤商人，商人已富貴矣。尊農夫，農夫已貧賤矣。」（註二七）的情況下，實無法達到使人民安心務農的目的，於是他向文帝提出以粟爲賞罰的方策，力圖挽救。繼而他又奏請入粟郡縣，以備凶年；免收租稅，以勸農功。文帝復採納此項建議，乃賜民十二年（168 B. C.）租稅之半，明年遂免除民田租稅，至景帝二年（155 B. C.），始「令民半出田租，三十而稅一。」（註二八）此後，直到西漢末年都沒更改。但他這種貴粟與減租稅的政策，用意雖善，實行後的效果却適得其反。王夫之曾批評貴粟政策說：

入粟六百石而拜爵上造，一家之主伯亞旅，力耕而得六百石之贏餘者幾何？無亦彊豪挾利以多占，役人以佃而收其半也；無亦富商大賈，以金錢籠致而得者也。如是，則重農而農益輕，貴粟而金益貴。（註二九）

荀悅對減租稅的措施批評是：

古者什一而稅，以爲天下之中正也。今漢民或百一而稅，可謂鮮矣！然豪强富人占田逾侈，輸其賦太半，官收百一之稅，民收太半之賦，官家之惠優於三代，豪强之暴酷於亡秦，是上惠不通，威福分於豪强也。今不正其本，而務除租稅，適足以資富强。（註三〇）總之，爲重農而減租，受惠的僅限於地主；至於納粟拜爵贖罪，等於誘使地主加緊榨取佃農，所以這種措施都沒能把握住當時經濟問題的重心。

景武之際，不僅是漢帝國統治權集中到極點的時期，也是國家的富力發展到頂峯的時期。因爲經漢初幾十年的休養生息，社會又從復甦而趨向繁案，武帝初年的經濟狀況，已是「非遇水旱之災，民則人給家足，都鄙廩庾皆滿，而府庫餘貨財。京師之錢累巨萬，貫朽而不可校。太倉之粟陳陳相因，充溢露積於外，至腐敗不可食。衆庶街巷有馬，阡陌之間成羣，」（註三一）就在這府庫充實，海內粗安情況下，却横亙着兩個極待解決的問題：⑴政權既已集中，國力又富强，爲鞏固帝國的生存條件，對於侵擾邊境的異族應一決雌雄，永絕禍患。⑵在大一統的局面下，絕對君權與富商大賈地主豪强的利益已發生衝突。因爲中央集權，絕不容許國內有其他龐大勢力存在，富商豪族的加强，卽是君權的抑屈，這是武帝絕不能忍受的。但是要解決這兩大問題，必須具有最大的魄力與決心，尤其同異族作戰，因在氣候、地勢、社會組織與生活習慣上有很大差別，必定遭受很大的困難。因此，如決心攘除外患，首先就要準備作最大的犧牲，雄心勃勃的漢武帝便是具有最大魄力與最大決心的人。（註三二）他開疆拓土的事業，從元光中到天漢間，歷時三十餘年，在時間範圍上都遠超過秦始皇，凡戰費等等自然也龐大的多。（註三三）一個國家，無論其內部組織如何堅强，倘連年對外用兵，開支浩大，國用便感到入不敷出。所以儘管武帝初年之財政如何充足，經過這樣大量的消耗後，困絀的情形已完全暴露出來。正當政府財政極端困難，富商大賈不僅對國事漠不關心，反伺機牟利，使黎民重困。

（註三四）於是頓然激發起打擊商賈，開闢財源的動機，接着便是向他們開刀。從元光二年（133 B.C.）起，直到桑弘羊做治粟都尉兼領大司農的二十餘年間，執掌全國財政的大司農，雖然連續更換了六人（計爲鄭當時、顧異、王夫、孔僅、客與張成），他們在任內雖都絞盡腦汁，但羅掘的方法愈多，社會的病態愈顯，財政拮据也愈甚。所以，在戰爭不能停止，財政又非常窘絀之際，大財政家桑弘羊卽被任命爲大司農。洛陽富商之家出身的桑氏，深知要澈底解決財政上的困難，唯一的辦法卽是將規模最大與最賺錢的商業由國家經營。因此，他推行的國營事業有下列幾項：(1)統一幣制，(2)鹽鐵專賣，(3)均輸與平準，(4)酒榷，(5)國際貿易，(6)其他在經濟上籌款的方法（註三五）。自桑弘羊厲行這種政策後，一切頓形改觀，終於收到「民不益賦，而天下用饒。」（註三六）的效果。所以宣帝時名臣張敞說：「昔先帝征四夷，兵行三十餘年，百姓猶不加賦而軍用給。」（註三七）雖然桑氏達到籌款與抑商的目的，協助武帝完成了拓邊的大業，但是沒能達到矯正經濟社會問題的目的。

在自然經濟的時代，土地是生活主要的資源與財富的基礎，所謂「有土此有財，」（註三八）又求富逐利是人類的天性。因此，從戰國到秦漢，士農工商的活動，最後以取得大量土地爲目的。所以司馬遷說：「本富爲上，末富次之，……以末致財，用本守之。」（註三九）因爲當時人有這種觀念，所以對土地佔有慾特別强烈，然而土地面積與位置受天然限制，絕非人力所能任意增加和移動的。因此，在私有制度下，人們一旦獲得足夠的貨幣，無不爭購土地，如購買不得，便不惜用非法手段以謀奪取。這是漢代土地兼幷的根本原因，也是中國土地問題的癥結所在。漢初，相國蕭何卽曾假勢彊買民田宅數千萬。他並說，「購買田宅，必居窮處，爲家不治垣屋，深恐子孫不賢，爲勢家所奪（註四

○）。」這種兼并現象，隨着歷史的發展日趨激烈。武帝初年，外戚宗室大臣等多憑藉政治勢力從事兼并，例如景帝后同母弟田蚡曾向武帝請佔考工地；後來又想兼并竇太后從兄子竇嬰長安城南地不得，結爲深仇。（註四一）此外，這種例子尙多，實不勝枚擧，而不見記載的更不知多少。當時承襲儒家均富思想的董仲舒，目睹此種現象，認爲如達到均產之目的，必須從土地分配、輕徭薄賦和毋與民爭利着手。他理想中的土地分配，仍爲井田制，祇因環境變遷，甚難實行，所以主張限民名田（卽限制人民私有田地的數量）。下面卽是他對武帝建議裁抑富豪和救濟農民的方策：

> 秦……用商鞅之法，改帝王之制，除井田，民得賣買，富者田連仟佰，貧者亡立錐之地。又顓川澤之利，管山林之饒，荒淫越制，踰侈以相高。邑有人君之尊，里有公侯之富，小民安得不困？又加月爲更卒，已復爲正，一歲屯戍，一歲力役，三十倍於古。田租口賦，鹽鐵之利，二十倍於古。或耕豪民之田，見稅什五。故貧民常衣牛馬之衣，而食犬彘之食。重以貪暴之吏，刑戮妄加，民愁亡聊，亡逃山林，轉爲盜賊，赭衣半道，斷獄歲以千萬數。漢興，循而未改。古井田法雖難卒行，宜少近古，限民名田，以贍不足，塞并兼之路。鹽鐵皆歸於民。去奴婢，除專殺之威。薄賦斂，省繇役，以寬民力，然後可善治也。（註四二）

其次，他認爲食祿之家，又假勢與民爭利，是貧富不均的最大原因。所以他强調居賢人之位，不能爲庶人之行，如此始合天道。（註四三）但武帝沒能採納他的建議，以做及時改革。因此，自從「仲舒死後，功費愈甚。天下虛耗，人復相食。」（註四四）

昭帝時，鹽鐵等問題的爭議；宣帝時的常平倉制；與元帝時貢禹倡言的重農廢幣；在當時，有的的確收到一些經濟與財政上的利益，但對根本問題並沒獲得任何的解決。而歷史的發展，已說明此時的貴族官僚在本質上就是大地主和大商賈。例如，張安世尊為公侯，食邑萬戶，家童七百人，皆有手技作事，內治產業，累積纖微，是以能殖其貨，富於大將軍霍光。(註四五)又何武兄弟五人，皆爲郡吏，郡縣敬憚之。武弟顯家有市籍，租常不入，縣數負其課。(註四六)所以，董仲舒力斥食祿之家，不能仗勢與民爭利；貢禹也建議元帝，禁止近臣營賈販業，都是目擊時弊，有爲而發的議論。

成帝時，社會上已奢侈成風，土地兼并日烈，尤其統治階級，窮奢極慾，貪得無厭(註四七)。此種病象，至哀帝時已達極點。其原因約有下列幾點：⑴累世承平，全國財富大部集中於貴族官僚地主富賈之手，所謂「今累世承平，豪富吏民訾數鉅萬，而貧弱愈困。」(註四八)這些人物用各種方法搜括與剝削得來的大批金錢，無不紛紛爭購土地，有時竟甘犯法律，在所不惜。⑵成帝不但極盡奢侈之能事，並羡慕土地私有的流俗，而私置田產。(註四九)因而上行下效，兼并轉劇。例如，⑴成帝母舅王立，用非法手段，侵佔公地，後又轉賣給政府，取得厚利。⑵丞相兼成帝的老師張禹，內殖貨財，及富貴，多買田至四百頃，皆涇、渭溉灌，極膏腴上賈(註五〇)。張禹買田四百頃，占了長安附近涇、渭灌溉區約百分之九的土地(註五一)這在西漢史籍中，除以儒術獵取丞相位的匡衡，在臨淮郡僮縣，「專地盜土」的四百頃外(註五二)，是很少見的大地主。⑶丞相翟方進，曾被鄉里責怨，因請求佔陂下田不得，卽奏請罷鴻隙大陂，害得鄉人無稻黍吃。(註五三)以上所舉，祗不過是幾個最高統治階級兼并的實例而已。從前，在武、昭、宣、元諸帝，尙幾次罷苑馬與土地賜予貧民，至此連這種杯水車薪的辦法也不肯實行了。哀帝時，諫大夫鮑宣，卽針對此種日趨嚴重的病象，做過怵目驚心的陳說。（註五四）哀帝也不諱言道：「諸侯王、列侯、公主、吏二千石及豪富民多畜奴婢，田宅亡限，與民爭利，百姓失職，重困不足。」（註五五）此時位居三公的師丹，遂提出一項解決這種問題的建議，廷議之後，丞相孔光、大司空何武，合擬了一改革的方案，主要內容是限制吏民田皆毋過三十頃，奴婢數目因地位不同而有多寡。（註五六）當此方案條奏後，全國田宅與奴婢的價格大減，但外戚丁、傅兩家和方隆貴的嬖臣董賢都表示不方便，哀帝乃即刻命令暫緩實施；不久，又詔「罷苑，而以賜（董）賢二千餘頃。」（註五七）醞釀已久的改革運動，復告失敗。其失敗的原因，乃係當權的貴族本身就是大地主，他們爲維護既得利益（Vested interest），不惜破壞法令。所以積弊已深的問題未獲解決，自然隨着時間的演進日趨嚴重，這給王莽取得政權，與掀起驚天動地大改革最好的歷史憑藉。

王莽代漢後，深知當時最迫切的問題，是如何迅速解決日益嚴重的經濟與社會的危機。於是他除改正朔，易服色，修宗廟，降斥劉氏，及大封黨與必要的舉動外，即綜合儒家平均地權，和法家節制資本的主張，斷然推行一種重大的改革。其主要內容約有下列三點：⑴土地國有與奴隸制度的改革，⑵變更貨幣，⑶五均六筦的推行（註五八）。他的主要用意，在設法解決當時極嚴重的土地兼幷，和貧富不均的社會問題。這不僅是賈誼、鼂錯、董仲舒與師丹等人的共同理想，也是先秦以來，儒家與法家改革社會經濟問題的共同理想；不過賈、董等人，或因職權的關係，祇能坐而言，不能起而行，直到王莽時，始迫於時代的要求，毅然荷起實際改革的任務。因此當他即位後，除規定奴婢不得買賣外，對於糾正這種畸形土地制度的辦法是：一方面把全國的土地收歸國有，再平均分配給人民；另一方面强制有勞動能力的人從事生產，以改善農民的生活。其次，實行五均六筦，不僅防止資本家的兼併，和農民遭受重利盤剝，並且扶助小商人的經營，用來救濟貧民。所以這種改革，除變更幣制等外，可說都切中時弊，眞正兼顧到平均地權，與節制資本的兩方面。但非常不幸，只在短短的十四年中，這種雷厲風行的改革運動，竟遭到極慘重的失敗，新朝遂告覆滅。其失敗的原因很多。例如：(1)新政操之過急，法令煩苛，使人「搖手觸禁，不得耕桑，」（註五九）被迫爲亂。(2)官吏貪殘，每假新政之名，行自肥之實，使本來利民的良法，變成虐民的桎梏，終於招致官逼民反的惡果。(3)王莽個人太偏重理想，迷信立法，所以「每有所興造，必欲依古得經文。」（註六〇）「意以爲制定則天下自平，」（註六一）加以他衆事獨攬，臣下唯諾敷衍，以求自保。因而他雖「常御燈火至明，猶不能勝。」（註六二）致使政務多被延誤。除上述幾點外，最重要的是，他這種大刀闊斧的改革，使官僚豪强地主的既得利益，遭受到嚴重的損害。所謂「坐賣買田宅奴婢鑄錢抵罪者，自公卿大夫至庶人，不可稱數」（註六三）。因而，他們利用各地的貧民暴動，羣起反抗，推翻了新朝。

東漢政權建立後，因大亂之後，民戶凋敝，人口大減，耕田不敷分配的問題，雖然暫趨緩和，但是地主豪族兼并土地，貪婪貨財，與競尚奢侈的劣根性，却絲毫沒有改變。所以這些問題，在開國伊始就存在着。例如後漢書卷廿二劉隆傳云：

是時，天下墾田多不以實，又戶口年紀互有增減。十五年，詔下州郡檢覈其事，而刺史太守多不平均，或優饒豪右，侵刻羸弱，百姓嗟怨，遮道號呼。時諸郡各遣使奏事，帝（光武）見陳留吏牘上有書，視之，云：「潁川、弘農可問，河南、南陽不可問。」帝詰吏由趣，吏不肯服，抵言於長壽街上得之。帝怒，時顯宗（明帝）爲東海公，年十二，在幄後言曰：「吏受郡勑，當欲以墾田相方耳。」帝曰：「卽如此，何故言河南、南陽不可問？」對曰：「河南帝城，多近臣，南陽帝鄉，多近親，田宅踰制，不可爲準。」帝令虎賁將詰問吏，吏乃實首服，如顯宗對。（註六四）

自章帝卽位後，土地兼幷的情勢益烈，當時外戚竇憲竟恃勢奪沁水公主（明帝女）的田園。史言：

> 憲……建初二年，女弟立爲皇后，……憲恃宮掖聲勢，遂以賤直請奪沁水公主園田，主逼畏，不敢計。後肅宗（章帝）駕出過園，指以問憲，憲陰喝不得對，後發覺，帝大怒，召憲切責曰：「深思前過，奪主田園時，何用愈趙高指鹿爲馬？久念使人驚怖。……今貴主尚見枉奪，何況小人哉！國家弃憲如孤雛腐鼠耳。」（註六五）

從這個例子看來，可知當時土地兼幷是何等的激烈了。此外政治制度的不良，更助長了土地的兼幷。其原因是：⑴皇帝對寵愛的后妃、皇家子弟、貴戚、功臣賞賜過制（註六六）。當他們獲得大批金錢，除消費外，卽是購買土地，以求滿足私慾。⑵經濟力量成爲進仕的資本。東漢的察擧和徵辟制度，後來發生請托妄選的流弊。所謂「今之進者，惟財與力。」（註六七）「時權富子弟多以人事得擧，而貧約守志者以窮退見遺，」（註六八）因此，它無形中鼓勵富商大賈貴族豪强更努力於土地的兼幷。⑶外戚與宦官的專政，其爪牙滿布州郡，恃勢驕横，肆意搜括，也釀成土地與財富的長期集中（註六九）。基於上述種種因素，所以自和安以後，土地兼幷愈烈。又人口日增（註七〇），現有耕地也愈不敷分配，農民的生活，因而一天比一天艱難。其間雖有一二學者如崔實等，各陳己見，力謀匡救，但均未受到重視；加以連年與西羌的戰爭，使國家財政破產。最後，人民在政府官僚地主富賈交互榨取下，求生不得，於是黃巾亂起，帝國乃發生動搖，終告瓦解。

如前面所說，土地兼幷，與商業資本的畸形發展，是兩漢經濟上的根本問題。所以，兩漢始終實行着重農抑商的經濟政策。西漢的抑商政策，確使正在發展中畸形的商業資本受到嚴重的打擊，至東漢時期，大地主的聲勢已凌駕資本家之上，因而由西漢的抑商，一變而爲輕商。換句話說，卽由敵視商人的產業，一變而爲輕視其人格。至於兩漢的重農政策，除改良農業生產技術，注意水利灌溉等，而獲得顯著的效果外，最主要的有下列兩項：(1)減輕租稅。高祖時，他一改亡秦「收泰半之賦」（註七一），苛征暴斂的作風，將田租減到什五而稅一。文帝採納鼂錯令民入粟拜爵的建議，十二年（168 B.C.）賜民租稅之半，次年，遂免除田租。至景帝二年（155 B.C.），乃令民半出田租，三十而稅一。光武卽位，什一而稅，後天下已定，仍行三十稅一。由此看來，兩漢的租稅可說是很輕的，其實不然，因爲當時的土地，大多集中在貴族豪强與大地主的手中，佃農與僱農是實際耕種者。所以當時產生兩種稅，第一種是佃農繳納給地主的，其率每占佃農收獲的一半。卽所謂「或耕豪民之田，見稅什五。」（註七二）「而豪民侵陵，分田刼假，厥名三十，實什稅五也。」（註七三）第二種是地主繳納給政府的，只有三十分之一。政府減免的就是第二種，所以國稅雖輕，農民的負擔仍然很重。因此，這種減稅的德政，不僅不能施惠於佃農的身上，不僅使不勞而獲的地主坐收地租，變成一奢侈浪費的怠惰階級，無形中更促進地主的儲積，愈加速他們對於小自耕農的兼幷。因而，這種辦法，用意雖善，只惜沒能把握住問題的中心，所以並沒能收到重農的功效。(2)兩漢時期，土地兼幷之烈，已如上述，但帝國的土地有限，無法隨着兼并之風而擴大，所以一方面既有兼并土地的大地主；另一方面必有喪失土地的貧民。大多數原來終年勤苦勉强餬口的自耕農，當時或因遭受水旱之災，或因暴虐的急政與不時的賦斂，或由於被商賈和高利貸者乘機剝削，不得不忍痛將土地出賣，但他們爲圖生存計，又不得不投靠大地主，而淪爲佃農或僱農。如上所說，減輕租稅對他們既無利益，他們的生活，自然窮困異常，於是一些有遠見的學者，如董仲舒和師丹等，深知大多數的貧民，如忍受不住生活的壓迫，必會挺而走險，爲安定社會，防患於未然起見，只有從改革土地制度着手。卽使富者不至田連阡陌，貧者不至窮無立錐之地，於是提出「限民名田」的建議，但不幸被權貴們輕輕地否定了。這種並非根本推翻土地私有制的尋常改革，既然不能實行，王莽的土地國有政策，自然更會招致全國富豪地主們，爲保障其既得利益拚死的反抗。光武鑒於王莽的慘敗，遂讓此問題自然發展下去。東漢末年，雖有崔實等提出匡救的辦法，但沒有受到當權者的注意。所以兩漢的均產運動，始終是失敗的。其失敗的主要原因，在於政治上的統治者，實際上就是經濟上的統治者，他們總是永遠榨取被治者，以求滿足私慾。其次，在專制時代，無論多麽英明的君主，也決不會置皇親國戚及其作爲政權支柱的官僚之利益於不顧的（註七四）。所以他雖想使這對立的兩大階級維持均衡，但實際上還不免偏袒於治者，因而使得極少數爲全民的福利，圖謀改革的學者和政治家的努力，終歸失敗。總而言之，畸形的私有財產制，與統治階級的私慾無限制的擴張，及其對既得利益的堅持，是兩漢經濟問題的癥結所在。

注釋

註一　參看齊思和，戰國制度考，（民國二十七年，燕京學報第廿四期，頁一六二至一七八）。

註二　參看漢書卷二四上食貨志，台北藝文影印殿本，頁五一五a（a指上半頁，b指下半頁，以下倣此）；史記卷九七酈生陸賈列傳，台北藝文影印殿本，頁一〇九六a；同書卷七項羽本紀，頁一五五b；頁一四七a。勞榦，兩漢戶籍與地理之關係，中研院史語所集刊第五本，頁一七九，史記卷二七天官書，頁五二八b；同書卷八漢祖高本紀，頁一六七a及一七〇a；卷五十六陳丞相世家，頁八二三a；漢書卷十六高惠高后文功臣表頁二三〇a。

註三　參看漢書卷四三婁敬傳，頁一〇三〇a。史記卷三十平準書，頁五六二a。

註四　參看史記卷三十平準書，頁五六二b。

註五　參看漢書卷一下高帝紀，頁四八b；同書卷二四上食貨志，頁五一五ab；同書卷一高帝紀，頁五五a；卷二惠帝紀，頁六二a；卷三高后紀，頁六四b。

註六　張蔭麟，中國史綱（上古篇），第十章第一節，（民國四十一年，正中書局本，頁二一二）。

註七　史記卷一二九貨殖列傳，頁一三三八b。

註八　漢書卷二四下食貨志頁五二三b。

註九　漢書卷一下高帝紀，頁五三a。

註一〇　同註八。

註一一　漢書卷三高后紀，班贊，頁六七b。

註一二　同註八。

註一三　同上。
註一四　同上。
註一五　同註六，頁二一三至二一四。
註一六　漢書卷二四上食貨志頁五一八b。
註一七　同註一五，頁二一四。
註一八　參看史記卷二五律書，頁四九〇ab。
註一九　同註七，一三四二b。
註二〇　同註十六，頁五一五b。
註二一　參看漢書四八賈誼傳，頁一〇七二ab。
註二二　同註十六，頁五一六a。
註二三　同上。
註二四　同註八，頁五二四b。
參看賈誼新書卷三瑰瑋第十八，（民四十八年，新興書局，漢魏叢書本，頁一〇四六b。
註二五　同註十六，頁五一六b至五一七b。
註二六　同上，頁五一七ab。
註二七　同上，頁五一七b。
註二八　同上，頁五一八a。
註二九　王夫之，讀通鑑論上卷二，（民國五十一年，世界書局本，頁二六）。

註三〇　荀悅，前漢紀孝文帝紀下卷第八，（四部叢刊本，頁三至四）。
註三一　史記卷三十，平準書，頁五六三a。
註三二　參看漢書卷六四下賈捐之傳，頁一二九一b；同書卷五二韓安國傳，頁一一二七b至一一二九a。
註三三　參看馬元材，桑弘羊及其戰時經濟政策上篇㈥（民國三十三年，中國文化服務社印行本，頁一九至二五）。
註三四　同註八，頁五二六b。
註三五　同上，頁五二九b，五二八b，五三一ab。
參看桓寬，鹽鐵論卷三輕重第一四，頁二七，（民國五十四年，商務萬有文庫薈要本，頁八）。
參看漢書卷六武帝紀，頁一〇〇b。
同註二，頁五一九b。
同註八，頁五三一b。
註三六　同註八，頁五三一b。
註三七　漢書卷七八蕭望之傳，頁一四三八a。
註三八　大學（四書讀本，民四十五年，啓明書局本，頁一七）。
註三九　同註七，頁一三四二b。
註四〇　參看史記五三蕭相國世家，頁八〇五ab。
註四一　參看史記卷一〇七魏其武安侯列傳，頁一一六〇a至一一六一a。
漢書五二灌夫傳，頁一一二二b至一一二四b。
註四二　同註十六，頁五一八b至五一九a。

註四三　參看漢書卷五六董仲舒傳，頁一一七一ab。
註四四　漢書卷二十四上食貨志，頁五一九a。
註四五　參看漢書卷五九張安世傳，頁一二二六b。
註四六　漢書卷八六何武傳，頁一五〇四a。
註四七　參看漢書卷十成帝紀，頁一三五a。
註四八　同註十六，頁五二〇b。
註四九　參看漢書卷二七中之上五行志，頁六一六a。
註五〇　以上參看漢書卷七七孫寶傳頁一四三一b至一四三二a；同書卷八一張禹傳，頁一四六〇b。
註五一　參看漢書卷二九溝洫志，頁八六五b。
註五二　參看漢書卷八一匡衡傳，頁一四五九b至一四六〇a。
註五三　參看漢書卷八四翟方進傳，頁一四九〇b。
註五四　參看漢書卷七二鮑宣傳，頁一三七二b至一三七三a。
註五五　漢書卷十一哀帝紀，頁一三七b。
註五六　漢書卷二四上食貨志，頁五二〇b。
註五七　漢書卷八六王嘉傳，頁一五〇九a。
註五八　參看漢書卷九九中，王莽傳，頁一七三二b至一七三三a。
同註八，頁五三二a至五三三a。
同註八，頁五三三a至五三四a。

註五九　同註八，頁五三四b。

註六〇　同註八，頁五三三a。

註六一　漢書卷九九中，王莽傳，頁一七四一b至一七四二a。

註六二　同上，頁一七四二a。

註六三　同註八，頁五三三a。

註六四　後漢書卷二二劉隆傳，台北藝文影印殿本，頁二九二b。

註六五　後漢書卷二三竇憲傳，頁三〇三〇ab。

註六六　參看後漢書二三竇固傳，頁三〇三a；同書卷四三何敞傳，頁五三一a；卷一六鄧隲傳，頁二三二a；卷三四梁冀傳，頁四二六b。

註六七　後漢書卷六三李固傳，頁七四〇ab。

註六八　後漢書卷六一黃琬傳，頁七二五b。

註六九　參看後漢書卷五七劉陶傳，頁六五七b，同書卷三四梁冀傳，頁四二四b，同書卷六七黨錮劉祐傳，頁七八七b，同書卷七八宦者侯覽傳，頁九〇一b。

註七〇　參看萬國鼎，中國田制史，（民國二十三年正中書局本，頁一二四——一二五）。

註七一　同註十六，頁五一五a。

註七二　同上，頁五一八b。

註七三　同上，頁五二一a。

註七四　參看勞榦，戰國秦漢土地問題及其對策（民國四十年，大陸雜誌，二卷五期，頁十a）。

（原載「思與言」第五卷第四期，五十六年十一月出版。）

西漢物價的變動與經濟政策之關係

一、前　言

縱觀我國歷代社會問題的發生，往往由於物價的騰貴；政治上的失敗，泰半由於財政處理的不得其法。如南宋末年，因通貨膨脹而引起的物價高漲，對於人民及政府本身的影響，都是非常之壞。因此，除去外患的原因，成爲南宋滅亡的主要因素。所以，嘉熙年間（一二三——一二四）袁甫說：「楮幣蝕其心腹，大敵剝其四支。危亡之禍，近在旦夕」。（註一）此外，如新莽的覆滅，明代的亂亡，也大都是由於經濟崩潰，流民蜂起所造成的。所以，管子說：「凡治國之道，必先富民，民富則易治也，民貧則難治也。奚以知其然耶？民富則安鄉重家，安鄉重家則敬上畏罪，敬上畏罪則易治也。民貧則危鄉輕家，危鄉輕家則敢陵上犯禁，陵上犯禁則難治也。故治國常富，而亂國常貧。是以善爲國者必先富民，然後治之」。（註二）賈誼說：「筦子曰：『倉廩實而知禮節』。民不足而可治者，自古及今，未之嘗聞」。（註三）晁錯也說：「民貧，則姦邪生。貧生於不足，不足生於不農，不農則不地著，不地著則離鄉輕家，民如鳥獸，雖有高城深池，嚴法重刑，猶不能禁也」。（註四）由此可知，這是爲政者應該特別注意的問題。

近幾年來，國內各種物價不斷上漲，在躉售物價指數的上漲率方面，是二十多年來的最高紀錄，在消費者物價指數方面，是二十多年來的次高紀錄，僅次於「八七水災」的民國四十九年（一九六〇）。造成這種現象的原因，十分複雜。一方面固然受到世界性的影響，使得進口成本提高，但另一方面，由於國內供需失調，游資太多，使得投機者乘機囤積居奇，以及消費者因恐懼心理造成的搶購或多買，也頗有關係。這種情況，如不能澈底改善，不僅對我國的經濟發展將產生不可思議的阻力，而且對社會的安定也構成很大的威脅。兩年餘來，政府實行各項措施，力求穩定物價；學者專家，也紛紛提供意見，作爲有關人士的參考，然政府在制定長期的物價政策時，也要顧到我國特殊的情況，特殊的條件和要求。我們不但要採用新經濟觀念和新方法以解決經濟上的難題，同時，也應參考國史上類似的情況而制定政策。這樣，將來纔能收到豫期的效果。我們知道，西漢的物價（尤其是米價）也有相當的變動，工商業也十分發達，當時執政者所制定的經濟政策，以及實行後所發生的影響，都是很値得我們參考的。

二、西漢物價的情況

㈠概　說

物價的漲落，對於國家社會的治亂盛衰，人民生活的富裕安定與否，是有很大的關係的。因爲，若物價上漲，一方面工商業者可以乘機獲得鉅額的利潤；另一方面，一般消費者和固定收入者則因物價上漲，許多商品都買不起，只好降低生活水準，甚至受饑挨餓，在死亡線上掙扎，俗語說：「飽暖思淫慾，饑餓生盜心」。這樣一來，便容易發生暴亂，造成嚴重的社會問題。若物價下跌，一般消費者和固定收入者固然可以趁機買些物價上漲時所無力購買的物品，以提高生活享受，但工商業者因無利可圖，有時不得不裁減工人，減少生產，甚至虧本過鉅，紛紛倒閉。這樣一來，不僅影響了工商業的發展，工人也因失業而造成社會問題。由此可知，物價的漲落在經濟史上的重要性是不能被忽視的。（註五）雖然如此，但研究古代的物價有很多困難：

(1)材料的不足，文獻中所記載的物品種類既甚缺乏，年代往往也不齊全。

(2)計算單位有些很含糊，尤其穀與米價的計算單位有時不統一，必須折算，才能看出。

(3)標價有些不夠明確。

這種情形，在下面的諸表中卽可看出來的。因此，我們研究西漢物價的結果，只能瞭解幾種大概的情形，嚴密的物價指數表，一定不會造出來的。（註六）

其次，關於這個問題的研究，近人瞿兌之氏曾寫過一篇「西漢物價考」，刋於燕京學報第三期，陳嘯江氏批訴他說：「瞿氏開了此種研究之先聲。但他所考出的，範圍很有限，並且除堆積一些材料之外，也沒有新穎的見解，所以我們覺得仍有繼續研究的價值。」（註七）陳氏乃詳考文獻上的記載，將考出的，列成幾個表，一概不引原文。現在我們看來，陳氏博覽羣籍，功力很深，但他所考出的只限於文獻上內郡物價的情況，而且除偶有錯誤外，並不十分完備；尤其因爲時限關係，當他爲文（西漢底通貨單位和物價）時，勞貞一先生所考釋的居延漢簡（書名爲居延漢簡考釋之部），尚未問世，其他有關遺物也尙未出土，所以，對於邊郡物價的情況沒有述及。（註八）此外，陳直氏對於這個問題的研究，可說是相當進步的。他主要引用古物上發現的新材料，採用文獻較少，因此，他討論西漢邊郡物價的情況時，絕大部分引用了勞先生的漢簡中的河西經濟生活與居延漢簡考釋中的材料，至於對內郡物價的情況和物品種類的討論，就更不完備了。（註九）我們覺得他們這種只將史料排比的研究，使人讀後，不知道有那些原因導致了物價的變動，尤其是米價。當時政府對於這種變動作了些什麼反應？結果與得失如何？也都無法瞭解。所以，我們在可能範圍內，詳考文獻與古物的材料，並參照二陳氏的研究，先分別列成若干表，同時儘量引出原文，然後將討論的重點放在上述的問題上，我想這樣做或許比較好些，也或許對於改善目前的社會經濟情況更有參考的價值。

㈡西漢內郡物價分類表

(1)糧食價格表

品名	單位	價格	帝別與年代	史料記載	備考
米	一斛	一萬錢	高祖漢二年（前二〇六）	漢書卷一高帝紀云：「關中大饑，米斛萬錢。」	新校漢書集注本以下凡引漢書者但標子目。

米	一石	五千	高祖初年	食貨志上云：「漢興，民失作業，而大饑饉。凡米石五千。」	
米	一石	一萬	同上	食貨志下云：「漢興，以爲秦錢重難用，更令民鑄莢錢……市物，痛騰躍，米至石萬錢。」	
米	一石	一萬	楚漢之際	貨殖傳云：「楚漢相距滎陽，民不得耕種，米石至萬。」	
穀	一石	數十	文帝	御覽三十五引桓譚新論云：「漢文帝躬儉約，修道德，穀至石數十錢，上下饒羨。」	另見北堂書鈔一五六。
粟	一升	一	同上	風俗通義卷二云：「孝文帝粟升一錢，有此事否？」	①升爲斗字之誤，若升一錢，則石爲百錢也，正漢人當價，不足異也。此見勞貞一先生著居延漢簡考證。
穀	一石	五百	同上	風俗通義卷二云：「文帝自勞兵至太原，代郡，由是北邊置屯；待戰設備備胡，兵連不解，轉輸絡繹，費損虛耗。因以年歲穀不登，百姓饑乏，穀糴常至石五百，時不升一錢。」	②四部備要本。
粟	一斗	十五	昭帝	鹽鐵論卷六散不足篇云：「夫一豕之肉，得中年之收，十五斗粟。」	四部備要本。
穀	不詳	賤	昭帝元鳳六年（前七五）	本紀云：「今三輔、太常穀減賤，其令以叔粟當今年賦。」	

穀	一石	五	宣帝	食貨志上云：「宣帝卽位，用吏多選賢良，歲數豐穰，穀至石五錢，農人少利。」	據陳嘯江氏考證，以爲石五錢似有錯誤，見引十七史商榷引沈彤語。
穀	一斛	八	宣帝本始時	趙充國傳云：「金城、湟中穀八錢。」	
穀	一石	五	宣帝元康四年(前六二)	本紀云：「比年豐，穀石五錢。」	
穀	不詳	暴騰踴	宣帝元康中	魏相傳云：「今歲不登，穀暴騰踴。」	
粟	一石	百餘	宣帝神爵初年	趙充國傳云：「邊兵少，民守保不得田作。今張掖以東粟石百餘，芻槀束數十。」	
穀	一石	二百餘	元帝永光二年(前四二)	馮奉世傳云：「是時歲比不登，京師穀石二百餘，邊郡四百，關東五百。」	
穀	一石	三百餘	元帝初元二年(前四七)	食貨志上云：「元帝卽位，天下大水，齊地饑，穀石三百餘。」	
米	一石	二千	王莽地皇二年(二一)	本傳云：「隕霜殺菽，關東大饑，蝗，今雒陽以東，米石二千。」	
米	一石	二千	王莽末年	食貨志上云：「北邊及靑徐地人相食，雒陽以東米石二千。」	志云：「常枯旱，亡有平歲，穀賈翔貴。」
穀	一斛	一萬	王莽末年	後漢書光武帝紀云：「建武二年，……初，王莽末，天下旱蝗，黃金一斤易粟一斛。」	按黃金一斤直一萬錢。

豆	五斗	一萬	同上	後漢書馮異傳云：「時百姓饑餓，人相食，黃金一斤易豆五升。」	後漢書集解云：王補曰：「袁紀作穀五斗。」
麻	一斗	七錢	不詳	九章算術卷八云：「今有麻九斗，麥七斗，菽三斗，荅二斗，黍五斗，直錢一百四十。……問一斗幾何？答曰麻一斗七錢……。」	①四庫全書珍本別輯。 ②九章算術，係山漢代張蒼，耿壽昌及劉徽編注而成的，爲漢代上自軍國稅收，下至民間日用之數書。該書雖爲假設算題，當與實際情況相去不遠。故採用之。 ③以下不再引原文。
麥	一斗	四	同上	九章算術卷八	
菽	一斗	三	同上	同上	
荅	一斗	五	同上	同上	
黍	一斗	六	同上	同上	

(2)鹽酒肉菜等食物價格表

品名	單位	價格	帝別與年代	史料記載	備考
鹽	不詳	不詳	宣帝地節四年（前六六）	宣帝紀云：「鹽，民之食，而賈咸貴，衆庶重困。其減天下鹽賈。」	
酒	一升	四錢	昭帝始元六年（前八一）	昭帝紀云：「秋七月罷榷酤官，……賣酒升四錢。」	
醇酒	一斗	五十	不詳	九章算術卷七	

行酒	一斗	十	同上	九章算術卷七	
鯉魚	一枚	五十	同上	陶朱公養魚經云：「至來年二月，得鯉魚長一尺者，一萬五千枚；三尺者，四萬五千枚；二尺者萬枚；枚直五十，得錢一百二十五萬。」	養魚經、氾勝之書與計然書皆依據歷城馬國翰玉函山房輯佚書，此書中所用的文字與郡名，爲西漢時人語。故採用之。玉函山房輯佚書臺北文海出版社印行
瓢	不詳	十	不詳	氾勝之書卷下種瓠篇云：「十畝凡得五萬七千六百瓢，瓢直十錢。」	
飯	一餐	十五	不詳	風俗通義卷三云：「太原郝子廉饑不得食，寒不得衣，一介不取諸人，曾過姊飯，留十五錢，默置席下去。」	
水	一飲	一	不詳	同上書云：「每行飲水，常投一錢井中。」	
肉	一家	一萬	不詳	鹽鐵論卷六散不足篇云：「夫一家之肉，得中年之收。」	從「中年之收估計。

(3) 布帛等價格表

品名	單位	價格	帝別與年代	史料記載	備考
帛	一匹	一千錢	武帝時	東方朔傳云：「錢滿百萬，帛滿千匹。」	
錦	一匹	二萬 一萬 五千	不詳	范子計然書卷下云：能繡細文出齊，上價足二萬，中萬，下五千。」	
白素	一匹	八百		同上書卷下云：白素出三輔，疋八百。」	另見御覽卷八百十四。
縑	一匹（?）	數百	成帝時	御覽八百十八引風俗通義云：「丞相薛宣決曰：『縑直數百錢，何足紛紛。』」	宋、李昉等纂修，粹文堂臺北明倫出版社印行
紈	?	倍縑	昭帝時	鹽鐵論卷六散不足篇云：夫紈素之賈倍縑，縑之用倍紈也。」	此雖未詳單位，蓋爲一匹。
錦	一張	八萬以下	漢末	班蘭臺集	
布	一匹	二百四十四	不詳	九章算術卷二	
絲	一石	八千三百二十六	同上	同上書卷二	
絲	一斤	二百八十五	同上	同上書卷三	
縑	一丈	一百二十八	同上	同上書卷三	
素	一匹	六百二十五	同上	同上書卷三	
衣	一件	十鍾	昭帝時	鹽鐵論卷五國病篇云：「一車千石，一衣十鍾。」	

(4)器物價格表

品名	單位	價格	帝別與年代	史料記載	備考
車	一輛	千石	昭帝時	鹽鐵論卷五國病篇云：「一車千石，一衣十鍾。」	
車	一輛	一千錢	宣帝時	酷吏傳云：「初，大司農(田延年)取民牛車三萬兩爲僦，……車直千錢，延年上簿詐增僦直車二千，凡六千萬，盜取其半。	
馬飾	一套	一百萬	武帝	西京雜記卷二云：「武帝時……自是長安始盛飾鞍馬，競加雕鏤，或一馬之飾，直百金。	四部叢刊本
蜀刀	一把	數百	武帝時		
寶劍	一具	一千萬	昭帝時	西京雜記卷二云：「昭帝昔茂陵家人獻寶劍上銘曰：直千金，壽萬歲。」	
蘭席	一張(六尺)	七十	不詳	范子計然書卷下云：「六尺蘭席出河東，上價七十。」	
蒲席	一張	一百	不詳	同上書卷下云：「蒲席出三輔，上價百。」	
罍樽	一個	千金	景帝時	史記卷五十八梁孝王世家云：「初，孝王在時，有罍樽，直千金。」	新校史記三家注本

物品	單位	價格	時間	出處	備考
玉杖 玉箱	各一具	青布三十疋，錢九萬	昭帝時	武帝內傳	
玉	一枚	三萬至十萬	不詳	御覽八百五引桓譚新論云：「雒陽季幼賓有小玉，檢謁衞者史子伯素好玉器，見而奇之，使予報以三萬錢，請買焉。幼賓曰：『我與好事長者傳之，已顧十萬，非三萬，主也。』余驚駭云：『我若於路見此，千錢亦不市也。』故知之與不知，相去甚遠。」	
文杯	一個	等於十個銅杯	昭帝時	鹽鐵論卷六散不足篇云：「夫一文杯得銅杯十賈，賤而用不殊，箕子之譏，始在天子，今在匹夫。」	
筆	一枝	一百萬	不詳	西京雜記卷一	
漆	一斗	三百四十五	不詳	九章算術卷二	
臺	一座	一百萬（百金）	文帝時	文帝紀贊曰：「孝文皇帝即位二十三年，宮室苑囿車騎服御無所增益。有不便，輒弛以利民。嘗欲作露臺，召匠計之，直百金。」	
碑	一座	五萬	不詳	韓勑造孔廟禮器碑	此數係依碑內所記出泉數算出。
墨	一石	百六十 三十 十	不詳	范子計然書云：「墨出三輔，上價石百六十，中三十，下十。」	墨即石炭，即今之煤。

品別	單位	價格	帝別與年代	史料記載	備考
磚	一個	八	不詳	九章算術卷二	
陶灶	一個	二百	不詳	西安半坡村出土陶灶	
矢簳	五枚	一	不詳	九章算術卷二	
竹	一大個	八	不詳	九章算術卷二	
竹	一小個	七至五錢	不詳	同上書卷二	
小棺	一具	二千	成帝河平四年（前二五）	成帝紀云：「其爲水所流壓死，不能自葬，令郡國給槥，櫝葬埋，已葬者與錢，人二千。」	師古曰：「槥櫝謂小棺。」
棺	一具	三千	哀帝綏和二年（前八一）	哀帝紀云：「乃者河南、潁川郡水出，流殺人民，……賜死者棺錢，人三千。」	

(5)土地價格表

品別	單位	價格	帝別與年代	史料記載	備考
良田	一畝	一萬錢（一金）	漢初至中期	東方朔傳云：「漢興，……酆鎬之間號爲土膏，其賈畝一金。」	

普通田地	一畝	一千五百	武帝時	李廣傳云：「李蔡以丞相坐詔賜冢地陽陵當得二十畝，蔡盜取三頃，頗賣得四十餘萬。」	一頃爲一百畝，三頃共三百畝，故每畝約爲一千五百。
草田	數百頃	一萬萬以上	成帝鴻嘉中	孫寶傳云：「時帝舅紅陽侯立使客因南郡太守李尙占墾草田數百頃，頗有民所假少府陂澤，略皆開發，上書願以入縣官，有詔郡平田予直，錢有貴一萬萬以上。」	師古曰：「草田，荒田地。」又曰：「增於時價。」
漆田	一畝	一千	漢初以後	貨殖傳云：「秦漢之制，列侯封君食租稅，歲率戶二百。千戶之君則二十萬，朝覲聘享出其中。庶民農工商賈，率亦歲萬息二千，百萬之家則二十萬，而更繇租賦出其中。……故曰陸地牧馬二百蹏，牛千蹏角，千足羊，澤中千足彘，水居千石魚波，山居千章之荻、安邑千樹棗；燕、秦千樹栗；蜀、漢、江陵千樹橘；淮北滎南河濟之間千樹荻；陳、夏千畝漆；齊、魯千畝桑麻；渭川千畝竹；及名國萬家之城，帶郭千畝畝鍾之田，若千畝卮茜，千畦薑韭：此其人皆與千戶侯等。」	從良田價格估計
桑麻田	一畝	一萬	同上	同上	同上
竹田	一畝	一萬	同上	同上	同上
卮茜田	一畝	一萬	同上	同上	同上
薑韭田	一畝	一萬	同上	同上	同上

善田	一畝	三百	不詳	九章算術卷七	九章算術田畝的價格是合於最低的數字。貢禹傳及居延漢簡中所述與此相差不多。
惡田	一畝	七十	同上	同上	

(6)家畜價格表

品名	單位	價格	帝別與年代	史料記載	備考
馬	一匹	一百萬錢(百金)	漢興	食貨志下云：「漢興，……米至石萬錢，馬至匹百金。」	此是例外
馬	一匹	二十萬	武帝元狩元年(前一二七)	武帝紀云：「六月，詔曰：『日者有司以幣輕多姦。李奇曰：『幣，錢也。輕者，若一馬直二十萬，是爲幣輕而物重也。重難得，則用不足而姦生。』」	
馬	一匹	十五萬	武帝太始四年(前九三)	景武昭宣元成功臣表云：「侯當千嗣，……坐賣馬一匹賈錢十五萬，過平，臧五百以上，免。」	此爲常價
牛	一頭	四萬五千	漢初以後	貨殖傳	從馬價估計
羊	一隻	三萬	同上	同上	同上
彘	一頭	三萬	同上	同上	同上
魚	一百	三萬	同上	同上	同上
羊	一隻	一千五百	不詳	御覽卷九百二引搜神記云：「南陽宗定伯少年夜行，忽逢一鬼，……問鬼	

品名	單位	價格	帝別與年代	史料記載	備考
				曰：『鬼何所畏？』曰：『唯不喜人唾。』欲至宛，便擔鬼着頂上，徑詣宛市，化爲羊，恐其變，亟唾之，賣之，得錢千五百……。」	
猛犬	一隻	一百萬		西京雜記卷一	
馬	一匹	五千四百五十四	不詳	九章算術卷八	
牛	一頭	三千七百五十	同上	同上書卷七	最高價格
牛	一頭	一千八百一十八	同上	同上書卷八	次高價格
牛	一頭	一千二百	同上	同上	最低價格
羊	一隻	五百	同上	同上	最高價格
羊	一隻	一百五十	同上	同上書卷七	最低價格
犬	一隻	一百	同上	同上	
鷄	一隻	七十	同上	同上	
兎	一隻	二十九	同上	同上書卷八	
豕	一頭	三百	同上	同上	

(7) 藥材及植物價格表

品名	單位	價格	帝別與年代	史料記載	備考
犀角	一枚	八千錢 三千	不詳	范子計然書卷下云：「犀出南郡，上價八千，中三千，下一千。」	①陳直氏疑日南郡脫文。 ②謹按本草李時

品名	單位	價格	帝別與年代	史料記載	備考
		一千			珍謂：「犀出西番、南番、滇南、交州諸處。」③另見御覽卷八百九十。
螵蛸	一枚	三百	不詳	同上書云：「螵蛸出三輔，上價三百。」	另見御覽卷九百四十六。
柏枝脂	一	七十 三十以下	不詳	同上書云：「柏枝脂出三輔，上價七十，中三十，下十。」	另見御覽卷九百五十四。
皁莢	一枚	一	不詳	同上書云：「皁莢出三輔，上價一枚一錢。」	另見御覽卷九百六十。

(8)金屬價格表

品名	單位	價格	帝別與年代	史料記載	備考
金	一斤	一萬錢	全西漢	食貨志下云：「黃金重一斤，直錢萬。朱提銀重八兩爲一流，直一千五百八十。它銀一流直千。」	
金	八兩	三千	武帝時	食貨志下云：「又造銀錫白金。……故白金三品；其一曰重八兩，圜之，其文龍，名「白撰」，直三千；二曰以重差小，方之，其文馬，直五百；三曰復小，橢之，其文龜，直三百。」	

朱提銀	八兩	一千五百八十	王莽即眞後	見上引文	
它銀	八兩	一千	同上	同上	八兩爲一流
金	一斤	六千二百五十		九章算術卷六	

(9)勞動力價格表

人工別	單位	價格	帝別與年代	史料記載	備考
男工	一月	二千錢	全西漢	昭帝紀如淳注曰：「更有三品，有卒更，有踐更，有過更，……貧者欲得顧更錢者，次直者出錢顧之，月二千，是謂踐更也。」另溝洫志云：「治河卒非受平賈者，爲著外繇六月。」如淳注曰：「律說，平賈一月，得錢二千。」	師古曰：「賈同價。」
男工	三日	三百		昭帝紀如淳注曰：「天下人皆直戍邊三日，……諸不行者，出錢三百入官，官以給戍者，是謂過更也。」	
奴婢	一人	一萬五千	宣帝神爵三年（前五九）	漢魏六朝文王褒僮約云：「資中男子王子淵從成都安志里女子楊惠買亡夫時戶下髯奴便了，決賈萬五千，奴當從百役使，不得有二言。」	另見王諫議集僮約。

女工	一人	三百	平帝元始二年(二年)	平帝紀云：「天下女徒已論，歸家，顧山錢三百。」	
奴婢	一人	一千萬	不詳	漢舊儀	自贖的價格
男工	一月	五千	成帝建始年間		待查
官奴婢	多人	賤買	哀帝時	毋將隆傳云：「傅太后使謁者買諸官婢，賤取之，復取執金吾官婢八人。隆奏言買賤，請更平直。」	

㈢西漢邊郡物價分類表

(1)食物價格表

品名	單位	價格	年代	史料記載	備考
穀	六千零六十六石大	二千一百二十五錢	西漢晚期	勞貞一著漢簡中的河西經濟生活	①中研究史語所集刊第十一本七十一頁，下同。民國三十二年出版，三十六年再版。 ②勞先生說：「這些材料大致時代是西漢晚期，不過不記日期的太多了，所以不能各個注入確定的年代。

穀	六十六石	二千三百一十	同上	同上	
黍	二石	三百	同上	同上	
粟	一石	一百一十	同上	同上	
粟	一石	一百零五	同上	同上	
粟	三石	三百九十	同上	同上	
大麥	一石	一百一十	同上	同上	
穬	三石	三百六十	同上	同上	
穀	六十石六斗六升大	二千一百二十三	同上	勞貞一著居延漢簡釋文卷二，第三十葉	
脂	十斤	一百七十	同上	漢簡中的河西經濟生活	
肉	百斤	七百	同上	同上	
肉	五百四十斤	二千二百六十四	同上	同上	
脂	六十三斤	三百七十八	同上	同上	
豬	頭	六十	同上	同上	
肝		五十	同上	同上	此概一個，以下同
肺		六十	同上	同上	
乳		二十	同上	同上	
迹		二十	同上	同上	
舌		二十	同上	同上	
胃		一百	同上	同上	
柴		一百	同上	同上	

品名	單位	價格	年代	史料記載
臗		三十	同上	同上
心		三十	同上	同上
腸		四十	同上	同上
牛胳	一隻	六十	同上	同上
羊	一頭	九百	同上	同上
羊	一頭	一千	同上	同上
麴	四斗	三十	同上	同上
麴	五斗	二十三	同上	同上
豉	一斗	二十五	同上	同上
大薺種	一斗	三十五	同上	同上
戎介種	一斗	十五	同上	同上
桂		十二	同上	居延漢簡釋文卷二，三十七葉
胡豆		三	同上	同上
麸子	一斗	百二十五	同上	同上書六十葉

(2)衣服價格表

品名	單位	價格	年代	史料記載	傳考
裘	一領	一千一百五十錢	西漢晚期	漢簡中的河西經濟生活	見史語所集刊第十一本，七十頁，以下同。

皁衣單衣	一領	三百五十二	同上	同上	
皁練複袍	一領	二千五百	同上	同上	
布複袍	一領	四百	同上	同上	
皁複袍	一領	一千八百	同上	同上	
纑長袍	一領	二千	同上	同上	
絝	一兩	八千	同上	同上	
皁絝	一兩	八百	同上	同上	
絝裏	一	一百	同上	同上	

(3)布帛價格表

品名	單位	價格	年代	史料記載	備考
帛	六匹	二千八百六十二錢	西漢晚期	漢簡中的河西經濟生活	集刊第十一本七十頁
帛	二丈二尺	千六百	同上	同上	
帛	二匹五尺	五百	同上	同上	
帛	一千九百匹三十五寸大	三十五萬四千二百	同上	同上	
廿兩帛	三匹二尺大	一萬三千五十八	同上	同上	
帛	二匹	九百	同上	同上	
素	丈六尺	二百六十八	同上	同上	同上七十一頁
縹	一匹	八百	同上	同上	

品名	單位	價格	年代	史料記載	備考
緣	一匹	八百	同上	同上	
白練	一匹	一千四百	同上	同上	
鶉綏	一匹	一千	同上	同上	
九稯布	三匹	一千	同上	同上	九稯即九升
布	一匹	四百	同上	同上	
校布	一匹	二百九十	同上	同上	
八稯布	一匹	二百四十	同上	同上	
廣漢八稯布	十九匹八寸大半寸	四千三百二十	同上	居延漢簡釋文卷三、二葉	
九稯布	三匹	三百	同上	同上書卷一、八十二葉	
河內廿兩帛	八匹三尺四寸大半寸	二千九百七十八	同上	同上書卷三、二葉	
黃穀系	一斤	三百五十	同上	同上書卷二、五十一葉	
緗絲	二斤	四百三十四	同上	同上書卷三、六十葉	

(4)器用價格表

品名	單位	價格	年代	史料記載	備考
系絜	二斤	二百錢	西漢晚期	漢簡中的河西經濟生活	集刊第十一本七十頁
絓絜	二斤八兩	四百	同上	同上	
三十五寸蒲複席青	二只	三百	同上	同上	

布緣劍	一枚	六百	同上	同上
刺馬刀	一枚	七千	同上	同上
筆	(一枚)	二百	同上	同上
槧	二百(一札)	六百	同上	同上
彈弓	一枚	三百	同上	同上
柘	一枚	三十	同上	同上
絲長弦	四枚	一百	同上	同上
繩	三十二丈	五十	同上	同上
服	二具	二十	同上	同上
楊弩繩	一枚	十	同上	同上
楯革	一枚	十	同上	同上
火革	一枚	七十	同上	同上
膠	二斤	十五	同上	同上
膠	三斤	六十七	同上	同上
膠	二十三斤	一千三百三十	同上	同上
稻皮	一斗	一百五十	同上	同上
銅銚	一十	五十	同上	居延漢簡釋文卷三、六葉
嬰	一	三十	同上	同上 三十葉
嬰嬰	一	七十	同上	同上

(5) 田宅價格表

品名	單位	價格	年代	史料記載	備考
田	三十五畝	九百錢	西漢晚期	漢簡中的河西經濟生活	集刊第十一本七十一頁
田	五頃	五萬	同上	同上	
田	五十畝	五千	同上	同上	
宅	一區	萬	同上	同上	
宅	一區	三千	同上	同上	

(6)車馬價格表

品名	單位	價格	年代	史料記載	備考
軺車	一乘	萬錢	西漢晚期	漢簡中的河西經濟生活	集刊第十一本七十一頁
牛車	兩乘	四千	同上	同上	
馬	五匹	二萬	同上	同上	
服牛	二	六千	同上	同上	
牛	二頭	五千	同上	同上	
馬	一匹	五千五百	同上	同上	
馬	一匹	五千三百	同上	居延漢簡釋文卷二、五十一葉	原文爲「馬五千三百」

胡狗	一	六百	同上	同上六十一葉	原文爲「胡狗六百」

(7)奴婢價格表

奴婢別	單位	價格	年代	史料記載	備考
小奴	二人	三千(三萬?)	西漢晚期	漢簡中的河西經濟生活	①集刊第十一本七十二頁 ②謹按居延漢簡考證頁十一算貲作「小奴二人直三萬」。
大婢	一人	二萬	同上	同上	

(8)芻秣價格表

品名	單位	價格	年代	史料記載	備考
茭	五斗	錢二	西漢晚期	漢簡中的河西經濟生活	集刊第十一本七十一頁
茭	二十束	錢三十	同上	同上	

(四)小結

從上面各表看來，可知西漢的物價有下列幾種情形：

(1)在西漢的物價中，以糧食的價格變動最大，馬價次之，其他物品的價格變動最小。內郡的米價不屬於至貴，便屬於至賤。最貴的每石萬錢，次爲二千，最賤的每石數錢。如就其通常市價來說，則西漢末年應爲七八十錢。今以穀價每石百錢計算，據劉復氏「新嘉量之校釋及推算」，每石約合市石二斗。則以今市制計算，每市石穀約合五百錢，而每市石米，應合一千錢。（註一〇）但是我們知道，從高祖漢元年到文帝前元五年（前二〇六——一七五）以莢錢爲計算單位，文帝前元五年至武帝元狩五年（前一七五——一一八）以四銖錢爲計算單位，從此以後直到西漢末年（前一一八——西元二四）乃以五銖錢爲計算單位。莢錢文曰半兩，每枚實重一銖，所以，其重量只有五銖錢的五分之一。因此，西漢兩百多年的米價統以五銖錢計算，折算後，其變動的情形應如下圖所示。（註一一）

西漢米價變動圖（每石價格以一文（錢）爲單位）

(2)肥沃的土地價格甚高，一畝萬錢（一金），爲通常一百石米的價格。惡田則非常便宜，一畝僅約數十錢。邊郡的地價比較低廉。

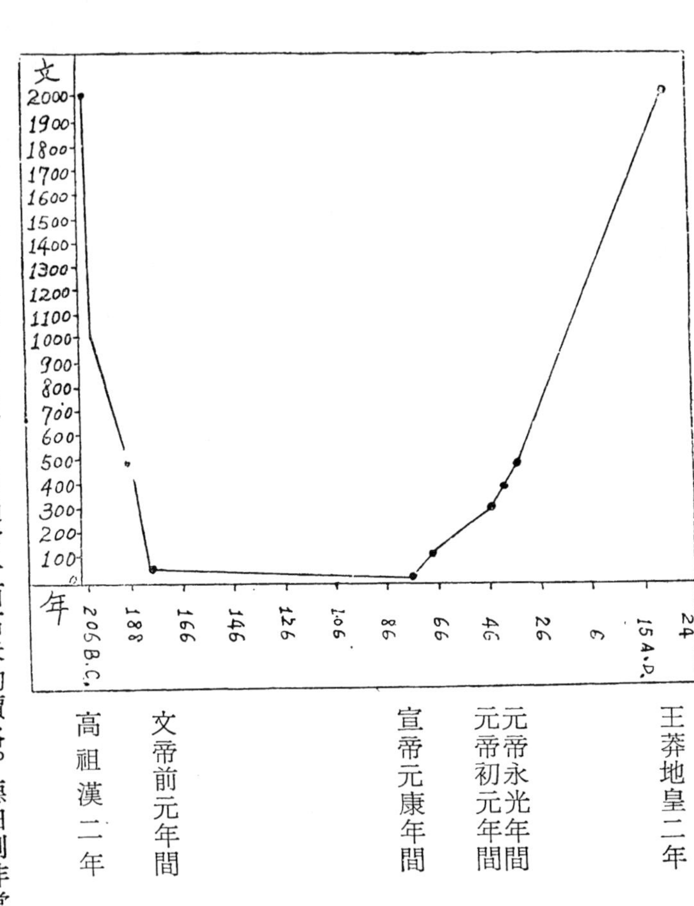

(3)工業產品的價格高於農產品，華麗的衣料與奢侈物品價格最貴。例如一枚玉，則値三百或一千石的米價。又如一把普通的劍，則値六石的米價。由此可知貴族富豪的消費很大。

(4)勞動力當作商品，工資相當高，尤其充作踐更時。

此外，漢代的物價，在居延漢簡上記載的，種類數目都比從前任何一種文獻爲多，所以它給予我們更多物價的史料。我們不但可以看出物物相互的關係，並且可藉此推定一般人大概的生活情態。因此，它在經濟史料上的價値是很大的。（註一二）

三、西漢物價變動的原因與政府之對策及其得失

(一)高惠與高后時期（前二〇六－一八〇）

(1)物價上漲的原因與情況

漢高祖在位的十餘年中，物價都是上漲的。這時物價之所以上漲，秦末以來的戰爭與通貨膨脹是其主要的原因。

（甲）戰爭的因素：自始皇統一天下後，「內興功作，外攘夷狄，收泰半之賦，發閭左之戍」，（註一三）已使得「男子力耕不足糧饟，女子紡績不足衣服，（註一四）「百姓靡敝，孤寡老弱不能相養，道死者相望」。（註一五）益以秦末與相持不決的楚漢戰爭，更使得「百姓騷動，海內搖蕩，農

夫釋耒，工女下機」。（註一六）「丁壯苦軍旅，老弱罷轉漕」。（註一七）當時中原各地，因爲戰時的需要，人民多去農爲兵，農業生產大受打擊，各地市場上物品的供給自然就大減了，這當然影響到物價的上漲。

其次，戰爭本來就是對於物資的一種消耗，戰爭的持續，市場上對於物資的需要也自然有增無已，這自然也影響到物價的上漲。

總之，當時因爲總供給與總需要失去平衡，而促成物價的上漲。當時米價每石貴至五千或一萬錢，使得楚漢雙方都「軍無見糧」，（註一八）人相食，餓死無數。漢書卷二十四食貨志上說（以下凡引漢書者但標子目）：

漢興，接秦之敝，諸侯並起，民失作業，而大饑饉。凡米石五千，人相食，死者過半。

又貨殖傳云：

楚漢相距滎陽，民不得耕種，米石至萬……。

又高帝紀上說：

關中大飢，米斛萬錢，人相食。

糧價既然暴漲，依靠糧食來供給的勞動力之價格，卽工資，自然也隨着上漲。工資既漲，一切商品的生產成本自然要提高，因而，商品的價格也自然隨着翔貴起來。

（乙）通貨膨脹的因素：在討論這個時期通貨膨脹對於物價的影響之前，我們必先要明瞭經濟學上的貨幣數量學說。卽在物品供求不變的情形下，如貨幣的流通數量小，它的價值就會大。它的價值既然大，其他物品的價格就要下跌，因爲其他物品之價格都是通過貨幣而表現出來的。反之，如果它的流通數量大，它的價值就會變小，其他物品的價格就要上漲了。例如自十六七世紀起，因爲美洲銀礦的開發，大量的銀流入歐洲，歐洲物價遂因銀的流通量增加而上漲起來。（註一九）從這個角度來觀察，漢高祖之變更幣制，由於貨幣流通數量的增加，乃導致物價的高漲。他之所以變更弊制，大致有下列幾點原因：

（子）爲了交易的方便：依據供需律（Law of supply and demand）可知，市場中某種物品的價格，不論是需要的增加，還是供給的增加，都可以引起交易量的增加；反之，它們的減少，也都可引起交易量的減少。（註二〇）漢興，於大亂之後，當時政府與人民因爲種種需要的增加，自然引起交易量的增加。戰國時，幣制紊亂，到秦始皇時確定爲黃金與銅錢兩種，黃金以溢（二十兩）爲名，稱做上幣；銅錢形質如同周錢，文曰「半兩」，徑一寸二分，重如其文（當時一兩凡二十銖，半兩則爲十二銖）。（註二一）這種錢使用起來確實太重了。所以高祖爲了交易的方便，廢掉秦半兩錢，行文仍作半兩，徑五分，實重一銖的（榆）莢錢，（註二二）以表示新政權的便民作風。

茲將秦半兩錢及漢初的莢錢大致之形體摹繪於下，略資比較：

秦半兩錢

莢錢的一種

（丑）用變更幣制的手法達到籌措經費的目的：大戰之後，新政權建立之初，急待解決的問題很多，一切開支自然較大，但因民戶大減，（註二三）稅源有限，所以政府財政極爲困難，使得這位開國的大皇帝還坐不起四匹純一色的馬駕車，而將相大臣只能坐牛車，平民更是無物可蓋藏。在這種情況下，漢高祖想藉變更幣制，利用這些錢幣面值與實值的差別，從中取得厚利，以解決財政上的困難。（註二四）

（寅）爲防止銅錢流入匈奴，所以鑄造粗劣的莢錢，專行使於邊疆：近十餘年來，該錢多在邊疆出土，張家口外發現尤多，所以，有人疑爲這是高祖與高后時鑄造此錢的目的，此說雖有可能性，但還未成確論。（註二五）

從上面看來，無論高祖變更幣制的眞正用意爲何，但他廢除秦的半兩錢，鑄造實值僅重一銖而面值仍爲半兩的莢錢，又令民（實際上都是富豪）私鑄，因爲有超額的利潤，他們乃大量製造。據上所述，莢錢實値很小及數量的增加，其價值自然下跌了，因而導致物價的騰躍。所以，食貨志下說：

漢興，以爲秦錢重難用，更令民鑄莢錢。黃金一斤，而不軌逐利之民畜積餘贏以稽市物，痛騰躍，米至石萬錢，馬至匹百金。

(2)重農抑商政策的成敗

這位出身草野的皇帝，經多見廣，秦朝的暴政，使得「外內騷然，百姓罷敝，重之以苛法峻刑，使天下父子不相安。」（註二六）結果，陳勝振臂一呼，天下莫不響應。這是他親自看到的。又秦時橫征暴斂，徭役繁興，被徵發的人因困急遭受富商巨賈的重利盤剝，以致田宅子女被奪；又在戰爭期間，商賈乘機囤積居奇，操縱物價，任意哄抬，使得「人相食，死者過半」。這種商賈害人的情形也是他親自看到的。「水能載舟，亦能覆舟」，人民的力量不可侮，這也是他親自體驗到的，秦的滅亡便是一個最好的教訓。

其次，他深知農業是人民衣食的本源，工商業者所資，農人又佔全國人口的大多數，政府的開支，都靠人民繳納的國賦。所以，天下已平，他爲了穩定物價，安定社會，以鞏固政權起見，他與惠帝、高后先後實行了下列幾種措施：

（甲）獎勵農業，增加生產，俾使總需要與總供給趨於平衡。其辦法是：

（子）減輕國賦與節省用費：他一改秦始皇「收泰半之賦，竭天下之資財以奉其政，猶未足以澹其欲也」（註二七）的奢縱作風，乃「約法省禁，輕田租，什五而稅一」。（註二八）並且將國家的收入分成兩種，一種是田賦、口賦一類的國賦，歸政府公用，一種是山川、園池與市肆租稅的收入，歸天子私用。對於中央各個機關的開銷也力求節省，每年漕運關東的糧食不過數十萬石。（註二九）他又鑒於當時郡吏與諸侯王的進獻，因尚無定制，他們便紛紛「多賦以爲獻」，使百姓苦甚，高祖想節省賦斂，於十一年（前一九六）二月，「令諸侯王，通侯常以十月朝獻，及郡各以其口數率，人歲六十三錢，以給獻費」。（註三〇）惠帝即位後，減田租，重申「復十五稅一」（註三一）之令，鼓勵農民，樂於務農，墾殖荒田。

（丑）奬勵農業生產：惠帝四年（前一九一）春正月，詔令推擧孝順父兄與努力耕作的人民，免除他們的徭役。（註三二）又高后元年（前一八七）二月，令「置孝弟力田二千石者一人」，「欲以勸厲天下，令各敦行務本」。（註三三）

（寅）安撫百姓：婉言勸告流亡的民衆，歸還故里，取回原有田宅，規定每年「什五而稅一」的田租，徵收實物，並令地方官吏要和言悅色的敎導他們，嚴禁用打罵和侮辱的手段强制執行。凡過去受饑餓窮困壓迫，自賣爲人奴婢者，一律釋免，恢復原來庶民身分，以從事農業生產。

（卯）奬勵人口增殖：人口是當時經營農業的基本動力，人口的增加，對於復興農業的幫助很大。又漢七年（前二〇〇）春，令庶民生育子女的，免除徭役兩年。（註三四）惠帝六年（前一八九），令女子年十五以上至三十不嫁的，罰繳五算錢，（註三五）用重稅强迫到達結婚年齡的女子出嫁，以繁息人口。

（乙）用政治力量打擊富商巨賈：於漢八年（前一九九）春三月，下令商賈不得穿絲織衣服，不得携帶兵器自衞，不得乘車騎馬，不得做官吏，（註三六）算賦比平常人加倍繳納，（註三七）凡商賈買饑民子女爲奴婢的，無條件釋放。

（丙）發行新錢，禁止盜鑄：高后二年（前一八六），行八銖錢，（註三八）六年（前一八二），行五分錢。（註三九）關於禁盜鑄之令，雖不能確知起於何時，但此間確有這種禁令，否則，文帝五年（前一七）夏四月，除盜鑄錢令便無法解釋。可見她希圖藉這種辦法穩定物價。

高祖、惠帝與高后爲了致力於戰後的救濟工作，爲了平抑物價（尤其是米價），所實行的經濟政策，既如上述，其成敗如下：

一般民衆，在秦項大亂以後，飽受戰禍，勞亟思息，至此能在政府與民休息及一定的律令（註四〇）下過活，自然感到滿意，於是在輕稅之下，將戰亂中荒廢了的田地又逐漸開墾起來。直到惠帝、高后之時，已呈現「天下晏然，刑罰罕用，民務稼穡，衣食滋殖」（註四一）的安樂景象。所以，這種重農措施，無疑對奠定漢朝的基礎是大有幫助的。

至於抑商措施，確使商賈受到了懲罰，漢十年（前一九七），有些商賈被迫鋌而走險，加入了代相國陳豨叛亂的行列。（註四二）商賈唯利是圖，他們愈得勢，愈對民衆不利，他們受到了壓制，對民衆的休養生息也是很有幫助的。所以，王船山稱讚高祖的抑商措施說：

國無貴人，民不足以興；國無富人，民不足以殖。任子貴於國，而國愈偷；賈人富於國，而國愈貧。任子不能使之弗貴，而制其貴之擅；賈人不能使之弗富，而奪其富之驕。高帝初平天下，禁賈人衣錦綺，操兵乘馬，可謂知政本矣。嗚呼！賈人者，暴君汙吏所亟進而寵之者也。暴君非賈人，無以供其聲色之玩，汙吏非賈人，無以供其不急之求，假之以顏色而聽其輝煌，復何忌哉！賈人之富也，貧人以自富者也。牟利易，則用財也輕，志小而不知裁，智昏而不恤其安，欺貧懦以矜夸，而國安得不貧？民安得而不靡？高帝生長民間，而習其利害，重挫之而民氣蘇。然且至孝文之世，后服帝飾如賈生所譏，則抑末崇本之未易言久矣。（註四三）

但進一步而言，高祖雖用政治力量不准商賈「衣絲乘車」，不准他們踏入仕途，並用「重租稅以困辱之」，這只是限制他們生活上過份的享受，及其社會地位，並沒能制訂一套有效的辦法，阻止他們過份的剝削民衆。雖對他們課以重稅，這對他們不但沒有什麽損害，反使消費者遭受更大的剝削。因爲他們會再把它轉嫁到購買者的身上。所以，高祖這種報復性的政策，並沒有收到理想的效果；而且歷史的發展對他們漸漸有利，至「孝惠、高后時，復弛商賈之律」，到文景時代，在放任主義下，使他們將漢代的工商業發展到最高峯。

高后時，先後發行八銖錢與五分錢，想藉這種變更幣制的辦法，打擊商賈，穩定物價。但這兩種銅錢，其文皆作半兩，（註四四）因爲實值與面值相差依然大，同樣有利可圖，自然無法禁絕私鑄。私鑄與公鑄的錢愈多，愈能刺激物價的上漲。所以，高后對商賈的競爭，並未獲勝。

㈡文景時期（前一七九—一四一）

⑴物價下落的原因與情況

在文景時期的近四十年內，物價是下落的，尤其是米價下跌的幅度最大。這時期物價所以下落，大約有下列幾點原因：

（甲）自高祖惠帝到高后，前後二十三年（前二〇二——一八〇），戶口散亡，與經濟衰竭的情況，至此已有復蘇的景象。到景帝後三年（前一四一），六十年間，人口的增加與國家的富庶都進步很快。高惠高后文功臣表序說：

天下乃平，始論功而定封。訖十二年，侯者百四十有三人。時大城名都民人散亡，戶口可得而數裁什二三，是以大侯不過萬家，小者五六百戶……。

故逮文、景四五世間，流民既歸，戶口亦息，列侯大者至三四萬戶，小國自倍，富厚如之。

人口的增加，對於農業的發展幫助很大。農產品既增，供需漸趨平衡，物價自然下跌，人民生活也會好起來的。所以，循吏傳序說：

漢興之初，反秦之敝，與民休息，凡事簡易，禁罔疏闊，而相國蕭、曹以寬厚清靜爲天下帥，民作「畫一」之歌。孝惠垂拱，高后女主，不出房闥，而天下晏然，民務稼穡，衣食滋殖。至於文、景，遂移風易俗。

（乙）自惠帝以來，至文景及其公卿大臣，大都是黃老思想的信徒，他們遵守着「我無爲，人自化；我好靜，人自正；我無事，人自富；我無欲，人自朴」（註四五）的信條，在高祖典定的基礎上，繼續與民休息；人民在私有財產制與放任主義下，無不努力自謀，使得各種產品日增。同時，自漢興以來，海內爲一，政府「開關梁，弛山澤之禁，是以富商大賈周流天下，交易之物莫不通，得其所欲」。（註四六）產品既豐，又貨暢其流，其價格就自然下落了。

（丙）文帝卽位後，躬修儉節，思安百姓。當時賈誼認爲農業不僅是民生的根本，更是安定社會，謀求和平的基本力量。他認爲只要食穀多，財富充足，天下的情勢就操之在我。因而建議文帝提倡農業，廣積貯。文帝深感其言，乃「始開藉田，躬耕以勸百姓」。（註四七）如文帝紀前元二年（前一七八）詔曰：

夫農，天下之本也，其開藉田，朕親率耕……。

又同書前元十三年（前一六七）詔曰：

朕親率天下農耕以供粢盛，皇后親桑以奉祭服，其具禮儀。

（丁）文帝是深明老子「田甚蕪，倉甚虛」，「民之飢，以其上食稅之多，是以飢」（註四八）之教訓的。當時晁錯建議減免田租與貴粟以鼓勵人民務農。文帝遂採納他的意見，乃下詔賜民十二年租稅之半（卽三十稅一）。明年（前元十三年），遂除民田之租稅。（註四九）所以文帝紀前元十二年（前一六八）詔曰：

道民之路，在於務本。朕親率天下農，十年于今，而野不加辟，歲一不登，民有飢色，是從事焉尙寡，而吏未加務也。吾詔書數下，歲勸民種樹，而功未興，是吏奉吾詔不勤，而勸民不明也。且吾農民甚苦，而吏莫之省，將何以勸焉？其賜農民今年租稅之半。（註五〇）

次年又詔曰：

農，天下之本，務莫大焉。今廑（勤）身從事，而有租稅之賦，是謂本末者無以異也，其於勸農之道未備。其除田之租稅。

從此以後，人民不納田租達十三年之久，直到景帝二年（前一五五），始「令民半出田租，三十而稅一也」。（註五一）

（戊）在生產力幼稚的時期，浪費物資即足以導致物價的上漲。所以，老子曰：「不貴難得之貨，使民不盜」，「難得之貨，令人行妨」（馬其昶曰：「行妨，妨農事也」。）（註五二）信奉黃老思想的文帝是深知這個道理的。因此，他自奉儉約，減少浪費，使物品不虞匱乏，物價也就不會上漲了。故文帝紀贊曰：

孝文皇帝即位二十三年，宮室苑囿車騎服御無所增益。有不便，輒弛以利民。嘗欲作露臺，召匠計之，直百金（合半兩錢百萬錢）。上曰：「百金，中人十家之產也。吾奉先帝宮室，常恐羞之，何以臺爲！」身衣弋綈，所幸愼夫人衣不曳地，帷帳無文繡，以示敦朴，爲天下先。治霸陵，皆瓦器，不得以金銀銅錫爲飾，因其山，不起墳。……專務以德化民，是以海內殷富，興於禮義，斷獄數百，幾致刑措。

（己）景帝即位後，繼續勵行重農政策，元年（前一五六）正月，令土壤磽陿地方的百姓可以遷徙到土壤饒廣與富水利的地方從事墾殖。（註五三）次年，「令民半出田租，三十而稅一。」此外，他與皇后親耕親桑，以率天下，並「屢敕有司以農爲務」。他又認爲製造奢侈品最妨害農事，因而嚴禁官吏僱人開採黃金珠玉。如本紀後元二年（前一四二）詔曰：

彫文刻鏤，傷農事者也；錦繡纂組，害女紅者也。農事傷則饑之本也，女紅害則寒之原也。夫饑寒並至，而能亡爲非者寡矣。朕親耕，后親桑，以奉宗廟粢盛祭服，爲天下先；不受獻，減太官，省繇賦，欲天下務農蠶，素有畜積，以備災害。

（庚）景帝鑒於當時富商交通王侯及官商勾結的現象，乃嚴懲吏員假勢賤買貴賣，防止物價的上漲。故本紀前元元年（前一五六）秋七月，詔曰：

吏受所監臨，以飲食免，重；受財物，賤買貴賣，論輕。廷尉與丞相更議著令。」廷尉信謹與丞相議曰：「吏及諸有秩受其官屬所監、所治、所行、所將，其與飲食計償費，勿論。它物，若買故賤，賣故貴，皆坐臧為盜，沒入臧縣官。吏遷徙免罷，受其故官屬所將監治送財物，奪爵為士伍，免之。無爵，罰金二斤，令沒入所受。有能捕告，畀其所受臧。」（師古曰：「帝以為當時律條吏受所監臨賂遺飲食，即坐免官爵，於法太重，而受所監臨財物及賤買貴賣者，論決太輕，故令更議改之。」）

又於後元二年，重申此令。本紀云：

彊毋攘弱，衆毋暴寡，老耆以壽終，幼孤得遂長。令歲或不登，民食頗寡，其咎安在？或詐偽為吏，吏以貨賂為市，漁奪百姓，侵牟萬民。縣丞，長吏也，奸法與盜盜，甚無謂也。其令二千石各修其職；不事官職耗亂者，丞相以聞，請其罪。布告天下，使明知朕意。」

（辛）景帝又鑒於文帝時，「百姓之從事於末以害農者蕃，為酒醪以靡穀者多」。以致形成「食之甚不足者」的現象，所以為減少糧食的消耗起見，乃「禁酤酒」。（註五四）四年後，經濟情況好轉了，始令民得酤酒。

總之，由於文帝與景帝上述的種種努力，民遂樂業，社會經濟日益繁榮。文帝時糧食價格下跌的情形，成爲全西漢次便宜的時期。史記卷二十五律書說：

歷至孝文卽位……百姓無內外之繇，得息肩於田畝，天下殷富，粟至十餘錢，鳴鷄吠狗，煙火萬里，可謂和樂者乎！

太史公曰：「文帝時，會天下新去湯火，人民樂業，因其欲然，能不擾亂，故百姓遂安。自年六七十翁亦未嘗至市井，游敖嬉戲如小兒狀。

又太平御覽卷三十五引桓譚新論說：

漢文帝躬儉約，脩道德，以先天下，天下化之。故致充實殷富，澤加黎庶，穀至石數十錢，上下饒羨。

又風俗通義第二卷云：

文帝卽位，躬自節儉，集上書囊以爲前殿帷……天下致升平，斷獄三百人，粟升一錢。（註五五）

糧食價格下落，工資便會下降，其他產品的成本亦因之降低，而物價也自然下落了。後歷景帝繼續與民休息的結果，直到武帝初年，國家的富力已發展到兩漢的最高峯。食貨志上說：

至武帝之初七十年間，國家亡事，非遇水旱，則民人給家足，都鄙廩庾盡滿，而府庫餘財。京師之錢累百鉅萬，貫朽而不可校。太倉之粟陳陳相因，充溢露積於外，腐敗不可食。衆庶街巷有馬，仟伯之間成羣，乘牸牝者擯而不得會聚。守閭閻者食粱肉；爲吏者長子孫；居官者以爲姓號。人人自愛而重犯法，先行誼而黜媿辱焉。

至於當時物價的情況如何？雖無文獻可徵，但由此富庶的狀況看來，當和文帝時差不多。所以景帝紀贊曰：

漢興，掃除煩苛，與民休息。至于孝文，加之於恭儉，孝景遵業，五六十載之間，至於移風易俗，黎民醇厚。周云成康，漢言文景，美矣。

⑵放任政策的利弊

從上面看來，文景時期的社會日趨繁榮，物價低廉，尤其是米價下落的幅度最大。一般人民的生活理應十分富裕了，其實不然，當時貧富懸絕，農民生活困苦異常，賈誼、鼂錯對當時的狀況均有深刻的陳述（容後詳），這種現象主要是經濟政策實行之不當造成的。今分述如下：

（甲）國稅與私租差率甚大：漢初，高祖爲了重農，即「約法省禁，輕田租，什五而稅一」，已比秦代輕多了。文帝時，又屢減免田租，景帝二年「令民半出稅，三十而稅一」。王莽也說：「漢氏減輕田租，三十而稅一」（註五六）。所以景帝而後，三十稅一，已成定制。這種稅率，較之儒家所歌頌的什一之稅還輕兩倍，誠如荀悅所說：「官家之惠，優於三代」（註五七）了。但自戰國以來，土地私有制已形成，發展到西漢，膏腴大多集中在豪族手中，除小自耕農或半佃農外，很多人都被迫佃種或做僱農，當時他們繳納給地主的，爲收穫量的一半，如董仲舒說：「或耕豪民之田，見稅什五」。（註五八）王莽也說：「豪民侵陵，分田刼假，厥名三十，實稅五也。」（師古曰：「分田，謂貧者無田而取富人田耕種，共分其所收也。假亦謂貧人賃富人之田也。刼者，富人刼奪其稅，侵欺之也」。（註五九）照此比率計算，假設一畝田收穫百斛穀，則地主就要淨得四十斛了。所以，國稅雖輕，私租却很重。政府這種減稅的德政，除對一些小自耕農或半佃農或許有些好處外，不僅不能嘉惠於沒有田的佃農和僱農，不僅使不勞而獲的地主坐收巨額的田租，成為一種奢侈浪費影響社會風氣的怠惰階級，更形同有意培養地主的儲積，愈加速他們對於小自耕農與半佃農的惡性兼幷，形成貧民與富豪尖銳對立的現象，導致了社會的危機。因此，這種政策用意雖善，只惜沒能深刻的體察民情，設法從根本上解決問題，以致沒有收到很好的效果。所以荀悅批評這種政策說：

古者什一而稅，以為天下之中正也。今漢民或百一而稅，可謂鮮矣；然豪彊富人，占田逾侈，輸其賦大半，官收百一之稅，民收大半之賦，官家之惠，優於三代，豪彊之暴，酷於亡秦，是上惠不通，威福分於豪彊也。今不正其本，而務除租稅，適足以資富彊。

（乙）人口稅、更賦與免役稅的繁重：西漢政府的田租雖輕，但其收入並不專靠於地面上的，農民除田租的負擔外，還有人口稅（口賦）、更賦、戶稅與物租等，而這些稅的稅率都比田租多的很多。再說，當時人民雖有時免繳田租，但沒有不出人口稅的，因為自出生後到達一定年齡都有這種稅，而這種稅又很重，不問貧富，一律繳納。自漢興以來，人口稅分下列三種：

（子）口錢：民年七歲至十四，無論男女，每人每年出口錢二十。（註六〇）

（丑）算賦：民年十五歲以上至五十六，每人每年出賦錢一百二十，為一算。唯商人與奴隸每人算賦加倍，（註六一）卽每人每年出錢二百四十。奴隸倍算，用意是重課富豪，商人倍算，為抑商政策的一種。

（寅）獻費：每人每年獻給皇帝六十三錢（見前述）。

其次，爲更賦，漢代實行徵兵制度，規定男丁年二十三年開始服役，第一年由郡縣派遣到京師充衞士（南北軍之兵）；期滿後，回到本郡，充材官（挑選過的士兵）、騎士樓船（水兵）一年，接受射御騎馳戰陣或駕船水戰的訓練；期滿後，仍回到原籍。五十六歲，年老力衰，始免去兵役，五十六歲以內，仍有隨時被徵調入營的義務。但在此三十餘年中，每人每年須在本郡或本縣服役一個月，自往者稱爲更卒或卒更。不自往，僱窮人代替本人服役，每月出錢二千，稱爲踐更。又每人每年須戍邊三日，稱爲徭戍，不能去的人出錢三百，給官府，由官府給戍邊的人，稱爲過更。（註六二）文帝時，「農夫五口之家，其服役者不下二人」，農民每年平均要服役三個月，（註六三）這種負擔實在太重了。

此外，還有戶稅，每戶每年出戶賦二百錢給列侯封君。（註六四）

從上面看來，口錢對貧民是極不利的，商人也會把倍算轉嫁到農民的身上。至於更賦，更是苛重細密，連殘疾罷癃的人也不能逃避。殘疾罷癃依法雖然免除了勞役，但仍須繳納更賦（免役稅）。戶稅不分貧富，一律繳納，也欠公平。雖然在文帝時，「閔中國未安，偃武行文……民賦四十，丁男三年而一事」，（註六五）但賦稅繇役還是相當重，當時擁有百畝農田人家，生活已相當困難，在這種重稅下，農民要繳納賦錢，必需賣掉農產品，如此，首先就遭受到商人的剝削。一旦遇到水旱之災，或急政暴賦，只好忍心將家裏的物品半價賣出去，如本來值一千的只賣五百；沒有東西賣的，只好借加倍利息的債，如借一千的償兩千，到後來沒辦法，只好賣掉田宅子孫來還債。這就形成了「商人所以兼并農人，農人所以流亡」的主要原因。（註六六）

（丙）貴粟方策的不當：秦時已有鬻爵的制度，始皇四年（前二四三）「百姓內粟千石，拜賞一級」。（註六七）漢承秦制，惠帝元年（前一九四），令「民有罪，得買爵三十級以免死罪」。（註六八）文帝爲鼓勵農民積極的增產起見，採納晁錯貴粟方策，「令民入粟邊，六百石爵上造（第二等爵），稍增至四千石爲五大夫（第九等爵），萬二千石爲大庶長（第十八等爵），各以多少級數爲差。（註六九）晁錯爲文景時「銳於爲國遠慮」（註七〇）的忠臣，對匈奴與諸侯問題的見解均極高超正確，尤其他創出了「徙民實邊」的偉論，對於漢代戰敗强敵匈奴所發生的作用是很大的。但他對於「欲民務農，在於貴粟；貴粟之道，在於使民以粟爲賞罰。」的方策，並不完全正確。因爲他在貴粟疏中對於當時農民困苦的狀況已說的很清楚了。五口之家，能耕不過百畝的農家，終年含辛茹苦，其農產品除掉最起碼的食用外，在天災人禍的壓迫下，竟賣田宅子孫以償債，以後的情形當更悲慘。像這樣窮苦人家那能有餘粟來買爵免罪呢？至於一些更窮苦的小自耕農可說連想的份也沒有了！所以，晁錯這種辦法，無異給擁有餘粟的富豪地主打開了買爵免罪的大門，造成一種特權階級。王船山批評說：

> 入粟而拜爵免罪，晁錯之計，亦未失也。其未爲失計也，非謂爵可輕而罪得以貲免也，謂其可以奪金錢之貴而授之粟也。輕齎折色，有三易焉：官易收，吏易守，民易輸。三易以趨苟簡之利便，而金奪其粟之貴，則寧使民勞於輸，官勞於收，吏勞於守，而勿徇其便。此參數十世而能純成其利，非俗吏之所知也。雖然，入粟六百石而拜爵上造，一家之主伯亞旅，力耕而得六百石之贏餘者幾何？無亦彊豪挾利以多占，役人以佃而收其半也；無亦富商大賈以金錢籠致而得者也。如是，則重農而農益輕，貴粟而金益貴。（註七一）

傅玄也說：「入粟補吏是賣官也，罪人以贖是縱惡也」。（註七二）

由上可知，自秦以來，吏途自湊於富貴，至此，士宦之路，仍在財富。（註七三）

（丁）使民自由鑄錢的弊害：如上所述，高祖變更幣制，導致了物價的暴漲。高后時，為平抑物價，二年，曾行一次八銖錢，六年，又恢復舊制，行五分錢（應劭注：所謂莢錢者），並禁止盜鑄，但都無效。文帝五年，「為錢益多而輕，乃更鑄四銖錢，其文為『半兩』。除盜鑄錢令（應劭曰：「聽民放鑄也。」），更造四銖錢（應劭曰：「文帝以五分錢太輕小，更作四銖錢，亦文曰『半兩』。）當時賈誼亟陳其弊害，未為文帝採納，（詳見食貨志下頁一一五三——五七，文長不引，）於是富豪紛紛驅使奴隸與勞工，入山採銅，積極鑄幣，該錢乃流通日廣。食貨志下說：

是時，吳以諸侯即山鑄錢，富埒天子，後卒叛逆。鄧通，大夫也，以鑄錢財過王者。故吳、鄧錢布天下。（註七四）

吳、鄧鑄造的錢，文字肉好與漢錢相同，又該錢使用時期，長達四十餘年（文帝五年——武帝元狩四年），一方面因為鑄幣自由，發行的數量遂不斷增加；另一方面因為面值與實值不一致，面值半兩，實重四銖，這好似沒有足夠的準備金，濫發行鈔票一樣，結果，錢法大亂，通貨膨脹，物價又逐漸上漲了。於是在過渡期中乃有三銖錢的發行。所以，食貨志下說：

自孝文更造四銖錢，至是歲四十餘年，從建元以來，用少，縣官往往即多銅山而鑄錢，民亦盜鑄，不可勝數。錢益多而輕，物益少而貴。有司言曰：「……今半兩錢法重四銖（鄭氏曰：「其文為半兩，實重四銖也。」）而姦或盜摩錢質而取鋊，錢益輕薄而物貴，則遠方用幣煩費不省。」乃……。

又令縣官銷半兩錢，更鑄三銖錢，重如其文。（註七五）

（戊）弛山澤之禁，更加大了貧富的差距：自古以來，山澤本爲禁地，降至戰國，土地私有制既形成，同時，山澤又逐漸開放，讓人民自由開發牟利，政府只徵其定額的稅。他們乃煮鹽冶鐵，變成鉅富。漢興，承襲舊制，一方面開放山澤，讓人民自由墾殖；一方面廢除往日關卡和橋樑的通過稅，這給工商業一個空前發展的機會。文帝於後元六年（前一五八）夏四月，續「弛山澤」，於是商賈更藉機獲得巨利，使得自戰國以來農民與工商階級對立的情形愈加尖銳起來。

總之，文景時期的社會經濟，在放任主義的指導下，表面上雖是一片繁榮安樂的景象，但自由競爭的結果，以及有些經濟措施的失當，終於形成貧富懸絕的病象。所以，董仲舒慨嘆道：

古者稅民不過什一，其求易共；使民不過三日，其力易足。民財內足以養老盡孝，外足以事上共稅，下足以畜妻子極愛，故民說從上。至秦則不然，用商鞅之法，改帝王之制，除井田，民得賣買，富者田連仟伯，貧者亡立錐之地。又顓川澤之利，管山林之饒，荒淫越制，踰侈以相高。邑有人君之尊，里有公侯之富，小民安得不困？又加月爲更卒，已復爲正，一歲屯戍，一歲力役，三十倍於古。田租口賦，鹽鐵之利，二十倍於古。或耕豪民之田，見稅什五。故貧民常衣牛馬之衣，而食犬彘之食。重以貪暴之吏，刑戮妄加，民愁亡聊，亡逃山林，轉爲盜賊，赭衣半道，斷獄歲以千萬數。漢興，循而未改。（註七六）

在這貧富差距太大的情況下，富人乃得意忘形，驕奢縱慾，爲非做歹，窮人被迫鋌而走險，作姦犯科，使得道德墮落，犯罪者累累，社會秩序遭受破壞。當時賈誼即深爲此痛惜哀嘆。他說：

今世以侈靡相競，而上亡制度，棄禮誼，捐廉恥，日甚，可謂月異而歲不同矣。逐利不耳，慮非顧行也，今其甚者殺父兄矣。盜者剟寢戶之簾，搴兩廟之器，白晝大都之中剽吏而奪之金。矯僞者出幾十萬石粟，賦六百餘萬錢，乘傳而行郡國，此其亡行義之（先）〔尤〕至者也。……至於俗流失，世壞敗，因恬而不知怪，慮不動於耳目，以爲是適然耳。……陛下又不自憂，竊爲陛下惜之。（註七七）

又王莽篡位後批評漢代田租的流弊說：

漢氏減輕田租，三十而稅一，常有更賦，罷癃咸出，而豪民侵陵，分田劫假，厥名三十稅一，實什稅五也。父子夫婦終年耕芸，所得不足以自存。故富者犬馬餘菽粟，驕而爲邪；貧者不厭糟糠，窮而爲姦，俱陷于辜，刑用不錯。（註七八）

㈢武昭宣時期（前一四〇—一四九）

⑴武帝時物價變動的原因與情況

漢武帝在位期間，物價一度略有變動，其主要原因是對外戰爭與幣制尚未統一引起的。「武帝因文、景之畜，忿胡、粵之害」，（註七九）即位數年後，乃用兵四夷，前後歷時數十年。在戰爭期間，一方面因爲國內各地的壯丁去農爲兵，物品的產量自然大減；另一方面，戰爭本來就是對於物資的大消耗，物品的需要必然大爲增加。所以，歷時一久，政府蓄積的財物已衰耗不贍，市場上的物品乃發生求過於供的現象，加以京師各個機關所需要的物品，都自行採購，毫不統一，並互相搶購，於是引起物價的上漲。（註八〇）

其次，於元鼎四年（前一一三），在政府發行三官錢（卽官鑄的五銖錢）以前，幣制十分紊亂，「縣官往往卽多銅山而鑄錢」，豪強也紛紛役使貧民，開採銅礦、錫礦，用鉛與鐵雜入銅內，鑄造劣幣，牟取大利，以致形成「錢益多而輕，物益少而貴」（註八一）的現象。

兵法曰：「興兵十萬，日費千金」。後來，因爲國用日增，政府財政漸形困乏，以致府庫空虛，不足以奉戰士。（註八二）當時商賈不僅財或累萬金，而不佐公家之急，反乘機加緊剝削，牟取大利，使得黎民重困。（註八三）但是戰爭旣已開始，又不能中途停止，於是如何解決財政上的困難，就成爲當時最重要的問題。後來，武帝乃任用大財政家桑弘羊，接連實行了一些新經濟政策，如鹽鐵專賣、統一貨幣（卽鑄五銖錢）、均輸、平準與算緡等。結果，不但解決了財政上的困難，使國威遠揚，並奠定了中國版圖的規模，而富商大賈也遭受到嚴重的打擊，消除了中間惡性的剝削，這對物價的穩定是很有幫助的。

總之，桑弘羊的新經濟政策實行後，不但達到了打擊商賈，籌足了戰費，和開疆拓土的目的，而且對穩定物價也發揮了很大的作用。這時期的物價之所以沒有暴漲與狂跌，或許就是這種原因造成的。關於桑氏的新經濟政策之內容，及實行後的利弊得失，在拙著「兩漢的經濟思想」一書中已有詳細的評述，不再在此贅述了。

(2)昭宣時期物價下跌的原因

昭帝與宣帝兩代可說是我國有史以來內政最成功的時期，當時的物價，不但是西漢最低廉的時期，也降到秦漢以來的最低點。其原因約有下列幾點：

（甲）由於累世的積蓄及君臣共同的努力：昭宣兩代這個標準的治世，一方面是國家元氣累世的積蓄，至此達到了最高點；另一方面則爲當時相當人爲的力量。雄才大略的漢武帝，認爲要消除外患，非出兵討伐不可。（註八四）於是自元光二年（前一三三），開始征伐四夷，師出三十餘年，中國疆域獲得空前的擴展。從外表看來，確是西漢的全盛時期。然而內部問題也隨着發生，成爲漢代第一次中衰時期。所以，賈捐之陳述這種情況道：

至孝武皇帝元狩六年（前一一七），太倉之粟紅腐而不可食，都內之錢貫朽而不可校。乃探平城之事，錄冒頓以來數爲邊害，籍兵厲馬，因富民以攘服之。西連諸國至于安息，東過碣石以玄菟、樂浪爲郡，北卻匈奴萬里，更起營塞，制南海以爲八郡，則天下斷獄萬數，民賦數百，造鹽鐵酒榷之利以佐用度，猶不能足。當此之時，寇賊並起，軍旅數發，父戰死於前，子鬪傷於後，女子乘亭鄣，孤兒號於道，老母寡婦飲泣巷哭，遙設虛祭，想魂乎萬里之外，淮南王盜寫虎符，陰聘名士，關東公孫勇等詐爲使者，是皆廓地泰大，征伐不休之故也。（註八五）

又夏侯勝傳也說：

武帝雖有攘四夷廣土斥境之功，然多殺士衆，竭民財力，奢泰無度，天下虛耗，百姓流離，物故者（過）半。蝗蟲大起，赤地數千里，或人民相食，畜積至今未復。

潁川大儒董仲舒目擊武帝時「外事四夷，內興功利，役費並興，而民去本，」貧富懸絕，犯罪者千萬之情況，建議政府「限民名田，以澹不足，塞幷兼之路。鹽鐵皆歸於民。去奴婢，除專殺之威。薄賦斂，省繇役，以寬民力。然後可善治也。」只惜未被武帝採納。所以，「仲舒死後，功費愈甚，天下虛耗，人復相食」。（註八六）

武帝末年，深悔征伐之事，乃封丞相爲富民侯，實行趙過的代田法，積極增產糧食，謀求經濟的復興。食貨志上說：

武帝末年，悔征伐之事，乃封丞相爲富民侯。下詔曰：「方今之務，在於力農。」以趙過爲搜粟都尉。過能爲代田，一晦三甽。歲代處，故曰代田，……其耕耘下種田器，皆有便巧。率十二夫爲田一井一屋，故晦五頃，用耦犂，二牛三人，一歲之收常過縵田晦一斛以上，善者倍之。

昭帝繼統後，又「委任霍光」，光在「海內虛耗，戶口減半」的情況下，深「知時務之要，輕繇薄賦，與民休息。至始元、元鳳之間，匈奴和親，百姓充實」。（註八七）

宣帝生長民間，深知民生的疾苦，所以，自親政後，勵精圖治，任用官吏則選擧賢良，「信賞必罰，綜核名實」。（註八八）因此，循吏倍出，社會經濟乃日益繁榮起來。

（乙）由於政府減輕人民負擔，招來流亡，促進農業的增產：我們知道，人口過多，固然容易發生社會問題，但人口銳減，同樣有害地盡其利與國家的稅收。自實行代田法後，糧食既已增加，政府爲了厚殖國力，乃設法增加戶口。武帝時，戶口之所以減少，除人民戰死於沙場外，主要的因爲百姓或無力負擔口錢，以致「生子輒殺」。（註八九）或逃避賦役，「亡逃山林，轉爲盜賊」。（註九〇）昭帝與宣帝有鑒於此，除去招擧賢良，問民所疾苦，罷酒榷，振災民，假公田等等外，（註九一）乃相繼下詔減輕口錢、算賦，或免出田租，誘導流民返回原籍，從事生產。例如昭帝本紀與宣帝本紀說：

(子)昭帝始元二年（前八五）秋八月，詔曰：「往年災害多，今年蠶麥傷，所振貸種，食勿收責，毋令民出今年田租。」

(丑)元鳳二年（前七九）六月，詔曰：「朕閔百姓未贍，前年減漕三百萬石。頗省乘輿馬及苑馬，以補邊郡三輔傳馬，其令郡國毋斂今年馬口錢，三輔、太常郡得以叔粟當賦。」

(寅)四年（前七七）春正月丁亥，……毋收四年、五年口賦。三年以前逋更賦未入者，皆勿收。

(卯)元平元年（前七四）春二月，詔曰：「天下以農桑爲本。日者省用，罷不急官，減外繇，耕桑者益衆，而百姓未能家給，朕甚愍焉。其減口賦錢。」有司奏請減什三，上許之。

(辰)宣帝本始三年（前七一）夏五月，大旱。郡國傷旱甚者，民毋出租賦。三輔民就賤者，且毋收事，盡四年。

(巳)地節三年（前六七）冬十月，又詔：「池籞未御幸者，假與貧民。郡國宮館，勿復修治。流民還歸者，假公田，貸種、食，且勿算事。」

(午)元康二年（前六四）夏五月，詔曰：「今天下頗被疾疫之災，朕甚愍之。其令郡國被災甚者，毋出今年租賦。」

(未)甘露二年（前五二）春正年，詔曰：「其赦天下。減民算三十。」

(申)三年（前五一）二月，詔曰：「毋出今年租。」

當時的流民在這種振貸政策之下，都紛紛歸還原籍，戶口因而倍增。如循吏傳說：

王成爲膠東相，勞來不怠，流民自占八萬餘口，治有異等之效。其賜成爵關內侯，秩中二千石。

黃覇爲潁川太守，選擇良吏，分部宣布詔令，令民咸知上意……以外寬內明得吏民心，戶口歲增，治爲天下第一。徵爲京兆尹，秩二千石。

召信臣遷南陽太守，……躬勸耕農，……其化大行，郡中莫不耕稼力田，百姓歸之，戶口增倍，盜賊獄訟衰止。……遷河南太守，治行常爲第一，復數增秩賜金。

總之，當時許多賢良太守躬率儉約，勸民務農的結果，國民經濟日趨繁榮，物價因而下落。

(丙)由於灌漑事業的提倡：歷代糧食的上漲，主要由於產量少；產量少的原因，一方面是耕地太少，使其產量無法大量增加；另一方面爲水災旱災的頻仍，直接減低了生產量。武帝時，水旱頻仍，尤其大旱的次數，佔西漢大旱總次數的七分之三次。（註九二）因此，開鑿河渠，使豪雨不致成災，大旱不妨害農作，也是當時很迫切的工作。所以，武帝說：「農，天下之本也。泉流灌寖，所以育五穀也。……細民未知其利，故爲通溝瀆，畜陂澤，所以備旱也」。（註九三）因此，他雖在征伐四夷之時，猶不惜鉅資，積極引河鑿渠，以灌漑農田。如渭渠與白渠等，（註九四）後來效果頗佳。

宣帝時，地方官吏往往興修水利，嘉惠百姓。如南陽太守召信臣，「爲人勤力有方略，好爲民興利，務在富之。……行視郡中水泉，開通溝瀆，起水門提閼凡數十處，以廣溉灌，歲歲增加，多至三萬頃。民得其利，畜積有餘」。（註九五）

總之，由於上述的幾點原因，加以對外有未經挫折過的武功，對內有許多忠於職守的良吏，使得昭帝與宣帝兩代的物價（尤其是宣帝時代）成爲西漢最低廉的時期，尤其是米價，已降至最低點，每石僅數錢。所以，食貨志上云：

至昭帝時，流民稍還，田野益闢，頗有畜積。宣帝卽位，用吏多選賢良，百姓安土，歲數豐穰，穀至石五錢，農人少利。

又循吏傳序說：

漢興之初，反秦之敝，與民休息……而天下晏然，民務稼穡，衣食滋殖，至於文、景，遂移風易俗。

孝武之世，外攘四夷，內改法度，民用彫敝，姦軌不禁。

孝昭幼冲，霍光秉政，承奢侈師旅之後，海內虛耗，光因循守職，無所改作。至於始元、元鳳之間，匈奴鄉化，百姓益富……。

及至孝宣……興于閭閻，知民事之艱難。……厲精爲治……稱中興焉。

(3)常平倉制的成效

由前面及上節西漢內郡糧食價格表看來，可知昭宣時期，糧價很低落，尤其是於宣帝時，在豐收的年歲，穀價低至每石五錢。糧價既賤，靠糧食來供給的勞動力的價格，卽工資，自然也隨着下落。工資既落，一切商品的生產成本自然要降低，因而商品的價格自然跟着低廉起來。但當時農民繳納賦算租稅，以及購買日用品等，必須糶穀，換取貨幣。若穀價偏低，農民必須糶較多的穀，始能達到目的，這對農民是極不利的。因此，昭帝爲保障農民的利益起見，曾幾次令豐收的地區，可用糧食抵當賦稅。其本紀云：

元鳳二年（前七九）六月，詔曰：「三輔、太常郡得以叔粟當賦」。

又六年（前七五）春正月，詔曰：「夫穀賤傷農，今三輔、太常穀減賤，其令以叔粟當今年賦。」

宣帝更知用減價及設置倉庫，以調節穀價。如地節四年（前六六），食鹽因爲供需失調，價格上漲，這對一般人的生活都有影響。所以，他下令減天下鹽價，以利民生。其本紀云：

地節四年九月詔曰：「鹽，民之食，而賈咸貴，衆庶重困。其減天下鹽賈。」

其次，由表中所示，當時「比歲豐，穀石五錢，」「農民少利」。因而宣帝爲獎勵農業，保護農民與一般人的利益起見，不顧蕭望之的異議，于五鳳四年（前五四）六月，採納大司農中丞耿壽昌的建議，除糴三輔等地的穀，以供京師食用，以節省關東的漕卒，使其歸還本籍務農外，並在邊郡設置糧倉，以調劑穀價。

常平倉的起源，當遠溯自管子所提倡的斂散平準法，與李悝所提倡的糴糶斂散法，不過，確立這種制度的乃是耿壽昌。管子國蓄篇云：

歲適美，則市糶，……歲適凶，則市糴……夫民有餘則輕之，故人君斂之以輕，民不足則重之，故人君散之以重，斂積之以輕，散行之以重，故君必有什倍之利，而財之櫎，可得而平也。

李悝曾說：

糴甚貴傷民，甚賤傷農；民傷則離散，農傷則國貧。故甚貴與甚賤，其傷一也。善爲國者，使民毋傷而農益勸……是故善平糴者，必謹觀歲有上中下孰。上孰其收自四，餘四百石；中孰自三，餘三百石；下孰自倍，餘百石。小饑則收百石，中饑七十石，大饑三十石。故大孰則上糴三而舍一，中孰則糴二，下孰則糴一，使民適足，賈平則止。小饑則發小孰之所斂，中饑則發中孰之所斂，大饑則發大孰之所斂，而糶之。故雖遇饑饉水旱，糴不貴而民不散，取有餘以補不足也。（註九六）

五鳳年間，耿壽昌向宣帝奏言：

故事，歲漕關東穀四百萬斛以給京師，用卒六萬人。宜糴三輔、弘農、河東、上黨、太原郡穀足供京師，可以省關東漕卒過半。」……漕事果便，壽昌遂白令邊郡皆築倉，以穀賤時增其賈而糴，以利農，穀貴時減賈而糶，名曰常平倉。（註九七）

實行的結果，人民稱便。「上乃下詔，賜壽昌爵關內侯」。（註九八）這種制度，對於地方的安定與否，有很大的關係。如趙充國傳說：

金城、湟中穀斛八錢，吾謂耿中丞，糴二百萬斛穀，羌人不敢動矣。耿中丞請糴百萬斛，乃得四十萬斛耳。義渠再使，且費其半。失此二冊，羌人故敢爲逆。失之毫氂，差（之）〔以〕千里，是旣然矣。

由此可見其影響之大了。（註九九）

常平之法，寓有抑强扶弱的精神，實爲一利民的善術。不過，自古以來，任何一種制度的推行，往往由於社會情況不同，與吏治好壞各異，而效果也完全不一樣。李悝的糴糶斂散法，「行之魏國，國以富彊」。（註一〇〇）西漢自昭宣以後，人民復多「背本趨末」，商賈的勢力又漸漸恢復，土地兼幷的情況也日趨激烈，（註一〇一）常平之法實行起來，一定會發生許多流弊。因爲貧農雖在豐年，也並無多餘的穀可以糶，但他們爲了繳納賦算，和購買必須的日用品，只好糶穀，以換取貨幣，始能達到目的。同時，糧食的交易愈廣愈多，當穀賤時，政府可能有時受財力的限制，不能無限制的收購，以待穀貴時，發揮其調節穀價的作用，而大地主雖擁有大批糧食，但他們往往不急着出售，和囤積聚奇的富商巨賈一樣，坐待歉年，當常平倉平價抛售的糧食將盡之時，再乘機抬高糧價。益以宣帝以後，吏治漸壞，官商勾結，這樣一來，常平倉的設置，也就無濟於事了。（註一〇二）因此，於元帝即位時，天下大水，關東十一郡的災情，尤爲嚴重。初元二年（前四七），齊地發生饑荒，穀價高漲到每石三百餘，人民餓死很多，琅邪郡發生人相食的悲劇。在位的儒生大都認爲鹽鐵官及北假田官、常平倉可以罷廢，毋與民爭利。元帝聽從他們的建議，乃皆罷之。（註一〇三）直到東漢明帝時，「帝曾欲置常平倉，公卿議者多以爲便。劉般對以『常平倉外有利民之名，而內實侵刻百姓，豪右因緣爲姦，小民不能得其平，置之不便』。帝乃止」。（註一〇四）下到南宋初年，因爲物價的大變動，當時發揮糧價領導物價論的范浚主張宜倣效李悝的平糴，與耿壽昌之常平，以達到穩定糧價的目的。（註一〇五）由此可知常平之法的價值與影響了。所以，王船山論其成效說：

耿壽昌常平之法，利民之善術也，後世無能行之者，宋人倣之，而遂流爲青苗。故曰，非法之難，而人之難也。三代封建之天下，諸侯各有其國，其地狹，其民寡，其事簡，則欲行常平之法也易；然而未嘗行者，以生生之計，寬民於有餘，民自得節宣焉，不必上之計之也。上計之而民視以爲法，視以爲法，則憚而不樂於行；而黠者又因緣假借，以讎其姦，故三代之制，裕民而使自爲計耳，雖提封萬井之國，亦不能總計數十年之豐歉，而早爲之制也。郡縣之天下，財賦廣而五方之民情各異，其能以一切之治爲治乎！然則常平之制不可行與？曰，常平者，利民之善術，何爲而不可行也。因其地，酌其民之情，良有司制之，鄉之賢士大夫，身任而固守之，可以百年而無弊，而非天子所可以齊一天下者也。壽昌行之而利，亦以通河東、上黨、太原、宏農之粟於京師而已矣。（註一〇六）

㈣元成哀時期（前四八—一）

⑴物價騰貴的原因

元帝一代是西漢由盛而衰的大關鍵，自此以後，帝國的物價也有日益騰貴的現象，其原因約有下列數點：

（甲）由於人口的增加與糧食產量的不平衡：西漢的人口在宣帝以前是日益增加的，這種情形，從上面所引的循吏傳序中卽可看出來的。武帝時雖然用兵四夷，變更法度，使得「海內虛耗，戶口減半」，但人口的流徙，當然較死亡爲多。所以，武宣之世，人口一定是增加的。

由宣帝到西漢末年，又有五十多年，這五十多年人口又增加將近一倍，張敞傳說：「山陽郡戶九萬三千，口五十萬以上。」漢書卷二十八上地理志載平帝元始時，山陽郡的戶口則爲：「戶十七萬二千八百四十七，口八十萬一千二百八十八。」山陽郡在元帝以後是天災人禍頻仍的地區（後詳），尚能增加將近一倍，其他各地更可想而知了。（註一〇七）所以，同書載平帝元始時全國戶口總數是：「民戶千二百二十三萬三千六十二，口五千九百五十九萬四千九百七十八」，爲西漢戶口極盛的時期。當時，提封田共計一萬萬四千五百一十三萬六千四百五頃，其中除充做「邑居道路，山川林澤」，無法開墾的有一萬萬二百五十二萬八千八百八十九頃。當時江南尚未大規模的開發，所以，另除能開墾而尚未開墾的有三千二百二十九萬九百四十七頃，而實際上已開墾的田僅有八百二十七萬五百三十六頃。（註一〇八）全國人口除軍公人員與工商業者等外，假若農民佔總人口的百分之八十，則農戶共九百八十六萬六千四百五十三，農民共計四千七百六十七萬五千九百八十。卽每一農戶可得田八十四畝。這些田畝能夠維持五口之家的生活嗎？我們不必旁徵博引，細加推求，只要查看一下李悝和晁錯對於這個問題的觀察，就知道它的答案是否定的。戰國時李悝作盡地力之敎，卽估計耕田百畝的農家，尚不能維持全家人的生活。他說：

今一夫挾五口，治田百畮，歲收畮一石半，爲粟百五十石，除十一之稅十五石，餘百三十五石。食，人月一石半，五人終歲爲粟九十石，餘有四十五石。石三十，爲錢千三百五十，除社閭嘗新春秋之祠，用錢三百，餘千五十。衣，人率用錢三百，五人終歲用千五百，不足四百五十。不幸疾病死喪之費，及上賦斂，又未與此。此農夫所以常困，有不勸耕之心，而令糴至於甚貴者也。（註一〇九）

有人認爲，李氏的書，未必是悝之手著，可能是戰國晚年的言論，然農民生活很少變化，以此估量漢初的農民，大概不會相差太遠。（註一一〇）尤其是晁錯對於漢初農民的收入與痛苦的狀況之描述，更是最好的例證（見前引述）。後來，雖然漢武帝發動無數的民力，大興水利，推廣灌溉，對中原地區的農業生產幫助很大，晚年又推行趙過所創的代田法與新田器（耦犂和耬車），也確實收到「用力少而得穀多」的效果，但代田法是一晦三甽，三甽每年輪換一次位置，以保持地力。地主富豪使用這種新的耕作技術，可以減少勞動力，貧農田小，如採用這種方法，反而減少三分之一的收穫量。因而代田法的推行，主要在關中等地區的富豪家，並沒能普遍採用。所以，到昭帝時，因爲內郡人口稠密，耕牛缺乏，貧民或木耕手耨，生活仍然很苦。（註一一一）又元帝時，光祿大夫（後爲御史大夫）貢禹，「家訾不滿萬錢，有田一百三十畝，而妻子穅豆不贍，裋褐不完」。（註一一二）由此可知，擁有八十四畝的五口之農家，是無法維持生活的。何況元帝以後，土地兼幷日趨激烈，農民的生活更加困苦了。今以西漢戶口極盛時之情形計算，全國墾田共八、二七〇、五三六頃，人口共五九、五九四、九七八，一畝收穫量假設爲一石半的粟，則每頃爲一百五十石，所以社會總生產量8270530×150＝1240579500石，一人月食一石半之粟，全年共十八石，所以社會總消費量爲59594918×18＝1072708524石。社會總消費量固然沒有超過社會總生產量，然而由於釀酒，以及貴族富豪犬馬的浪費，（註一一三）已使會社上發生缺糧的現象，因而促成穀價的上漲，穀價貴了，其他產品的價格也因成本的提高而上漲了。

（乙）由於政治腐敗與奢侈成風：西漢的政治自元帝開始腐化，至成帝時大壞，後經哀帝的縱恣，愈不可收拾，劉氏的帝運將告結束。我們不必爲此廣求例證，而浪費篇幅，在此僅摘錄當時幾位忠直大臣的極諫，以及其他有關記述，就可見一般了。

（子）元帝時奢侈之風：元帝初卽位，是時年歲不登，郡國多困，諫大夫貢禹奏言：

高祖、孝文、孝景皇帝，循古節儉，宮女不過十餘，廐馬百餘匹。孝文皇帝衣綈履革，器亡琱文金銀之飾。後世爭爲奢侈，轉轉益（盛）〔甚〕，臣下亦相仿效，衣服履絝刀劍亂於主上，主上時臨朝入廟，衆人不能別異，甚非其宜。然非自知奢僭也，猶魯昭公曰：「吾何僭矣？」

今大夫僭諸侯，諸侯僭天子，天子過天道，其日久矣。承衰救亂，矯復古化，在於陛下……方今宮室已定，亡可奈何矣，其餘盡可減損。故時齊三服官輸物不過十笥，方今齊三服官作工各數千人，一歲費數鉅萬。蜀廣漢主金銀器，歲各用五百萬。三工官官費五千萬，東西織室亦然。廐馬食粟將萬匹。臣禹嘗從之東宮，見賜杯案，盡文畫金銀飾，非當所以賜食臣下也。東宮之費亦不可勝計。天下之民所爲大饑餓死者，是也。今民大饑而死，死又不葬，爲犬豬(所)食。人至相食，而廐馬食粟，苦其大肥，氣盛怒至，乃日步作之。王者受命於天，爲民父母，固當若此乎！天不見邪？武帝時，又多取好女至數千人，以塡後宮。及棄天下，昭帝幼弱，霍光專事，不知禮正，妄多臧金錢財物，鳥獸魚鼈牛馬虎豹生禽，凡百九十物，盡瘞臧之……諸侯妻妾或至數百人，豪富吏民畜歌者至數十人，是以內多怨女，外多曠夫。及衆庶葬埋，皆虛地上以實地下，其過自上生，皆在大臣循故事之辠也。（註一一四）

（丑）成帝時外戚專橫，羣臣多不敢盡忠竭慮，改善民生：梅福傳說：

是時成帝委任大將軍王鳳，鳳專勢擅朝，而京兆尹王章素忠直，譏刺鳳，爲鳳所誅。王氏浸盛，災異數見，羣下莫敢正言。福復上書曰：

士者，國之重器；得士則重，失士則輕。……然其儁桀指世陳政，言成文章，質之先聖而不繆，施之當世合時務，若此者，亦亡幾人。

今陛下既不納天下之言，又加戮焉。夫……愚者蒙戮，則知士深退。間者愚民上疏，多觸不急之法，或下廷尉，而死者衆。自陽朔以來，天下以言爲諱，朝廷尤甚，羣臣皆承順上指，莫有執正。何以明其然也？取民所上書，陛下之所善，試下之廷尉，廷尉必曰：「非所宜言，大不敬。」以此卜之，一矣。故京兆尹王章資質忠直，敢面引廷爭，孝元皇帝擢之，以厲具臣而矯曲朝。及至陛下，戮及妻子。且惡惡止其身，王章非有反畔之辜，而殃及家。折直士之節，結諫臣之舌，羣臣皆知其非，然不敢爭，天下以言爲戒，最國家之大患也。……方今君命犯而主威奪，外戚之權日以益隆，……建始以來……水災亡與比數。……漢興以來，社稷三危……故權臣易世則危……勢陵於君，權隆於主，然後防之，亦亡及已。

(寅)成帝荒淫奢侈，大興土木，勞役繁重，影響了農業生產：

(a)起陵墓：谷永傳說：

王者以民爲基，民以財爲本，財竭則下畔，下畔則上亡。是以明王愛養基本，不敢窮極，使民如承大祭。今陛下輕奪民財，不愛民力，聽邪臣之計，去高敞初陵，捐十年功緒，改作昌陵，反天地之性，因下爲高，積土爲山，發徒起邑，並治宮館，大興繇役，重增賦斂，徵發如雨，役百乾谿，費疑驪山，靡敝天下，五年不成而後反故。又廣盱營表，發人冢墓，斷截骸骨，暴揚尸柩。百姓財竭力盡，愁恨感天，災異婁降，饑饉仍臻。流散冗食，餧死於道，以百萬數。公家無一年之畜，百姓無旬日之儲，上下俱匱，無以相救。

又陳湯傳說：

昌陵因卑爲高，積土爲山……卒徒工庸以鉅萬數，至難脂火夜作，取土東山，且與穀同賈，作治數年，天下徧被其勞，國家罷敝，府臧空虛，下至衆庶，熬熬苦之。

（b）寵嬖幸：外戚傳下說：

皇后（趙飛燕）既立，後寵少衰，而弟絕幸，爲昭儀。居昭陽舍，其中庭彤朱，而殿上髹漆，切皆銅沓（冒）黃金塗，白玉階，壁帶往往爲黃金釭，函藍田璧，明珠、翠羽飾之，自後宮未嘗有焉。

（c）置私田：五行志中之上云：

成帝鴻嘉、永始之間，好爲微行出游，選從期門郎有材力者，及私奴客，多至十餘，少五六人，皆白衣袒幘，帶持刀劍。或乘小車，御者在茵上，或皆騎，出入市里郊壄，遠至旁縣。……谷永曰：「今陛下棄萬乘之至貴，樂家人之賤事；厭高美之尊稱，好匹夫之卑字；崇聚票輕無誼之人，以爲私客；置私田於民間，畜私奴車馬於北宮；數去南面之尊，離深宮之固，挺身獨與小人晨夜相隨，烏集醉飽吏民之家，亂服共坐，溷肴亡別，閔勉遯樂，晝夜在路。……而況王者畜私田財物，爲庶人之事乎！」

在上有這樣極盡荒淫奢侈的皇帝，貴戚權臣自然羣起仿效。除外戚王氏兄弟，爭爲奢侈，賂遺珍寶，四面而至，驕奢僭上外。例如將軍史丹，「僮奴以百數，後房妻妾數十人，內奢淫，好飲酒，極滋味聲色之樂」。（註一一五）又帝母舅紅陽侯王立用非法手段，侵佔公田，後又轉手，從中謀取厚利。（註一一六）丞相張禹則「內殖貨財，多買田至四百頃，皆涇、渭溉灌，極膏腴上賈，它財物稱是」。（註一一七）又丞相匡衡，也貪得無厭，「專地盜土以自益」。（註一一八）又丞相翟方進，身後被郡中人民追怨，因請求佔陂下良田不得，乃奏罷鴻隙大陂，害得鄉人僅能以豆當飯，以芋魁爲羮，無稻黍可吃。（註一一九）其他這種例子尚多，於此不再詳述。

（卯）哀帝時政治的腐敗：鮑宣傳云：

是時帝祖母傅太后欲與成帝母俱稱尊號，封爵親屬，丞相孔光，大司空師丹、何武、大司馬傅喜始執正議，失傅太后指，皆免官。丁、傅子弟並進，董賢貴幸，（鮑）宣以諫大夫從其後，上書諫曰：

竊見孝成皇帝時，外親持權，人人牽引所私以充塞朝廷，妨賢人路，濁亂天下，奢泰亡度，窮困百姓，是以日蝕且十，彗星四起。危亡之徵，陛下所親見也，今奈何反覆劇於前乎！……今世俗謂不智者爲能，謂智者爲不能。……羣小日進，國家空虛，用度不足，民流亡，去城郭，盜賊並起，吏爲殘賊，歲增於前。

凡民有七亡：陰陽不和，水旱爲災，一亡也；縣官重責更賦租稅，二亡也；貪吏並公，受取不已，三亡也；豪强大姓蠶食亡厭，四亡也；苛吏繇役，失農桑時，五亡也；部落鼓鳴，男女遮迣，六亡也；盜賊刼略，取民財物，七亡也。七亡尚可，又有七死：酷吏毆殺，一死也；治獄深刻，二死也；寃陷亡辜，三死也；盜賊橫發，四死也；怨讎相殘，五死也；歲惡饑餓，六死也；

時氣疾疫，七死也。民有七亡而無一得，欲望國安，誠難；民有七死而無一生，欲望刑措，誠難。此非公卿守相貪殘成化之所致邪？羣臣幸得居尊官，食重祿，豈有肯加惻隱於細民，助陛下流教化者邪？志但在營私家，稱賓客，爲姦利而已。以苟容曲從爲賢，以拱默尸祿爲智……。

天下乃皇天之天下也，陛下上爲皇天子，下爲黎庶父母，爲天牧養元元，視之當如一，合尸鳩之詩。今貧民菜食不厭，衣又穿空，父子夫婦不能相保，誠可爲酸鼻。陛下不救，將安所歸命乎？奈何獨私養外親與幸臣董賢，多賞賜以大萬數，使奴從賓客漿酒霍肉，蒼頭廬兒皆用致富！非天意也。……夫官爵非陛下之官爵，乃天下之官爵也。陛下取非其官，官非其人，而望天說民服，豈不難哉！

……陛下前以小不忍退武等，海內失望。陛下尚能容亡功德者甚衆，曾不能忍武等邪！治天下者當用天下之心爲心，不得自專快意而已也。

又佞幸傳云：

董賢寵愛日甚，爲駙馬都尉侍中，出則參乘，入御左右，旬月間賞賜棻鉅萬，貴震朝廷。……上詔將作大匠爲賢起大第北闕下，重殿洞門，木土之功窮極技巧，柱檻衣以綈錦。下至賢家僮僕皆受上賜，及武庫禁兵，上方珍寶。其選物上弟盡在董氏，而乘輿所服乃其副也。及至東園秘器，珠襦玉柙，豫以賜賢，無不備具。又令將作爲賢起冢塋義陵旁，內爲便房，剛柏題湊，外爲徼道，周垣數里，門闕罘罳甚盛。

從上面幾段引文看來，可知當時奢侈浪費的人不但日多，並且其奢侈的情況也日益加劇，因而需要的商品也愈多，這自然刺激了物價的上漲。

(丙）由於天災的頻仍：如上所述，穀價的踊貴，大多因爲穀少，而穀少的原因，與天災頻仍有很大的關係。自元帝以來，政風日壞，刑賞不中。（註一二〇）朝中公卿大臣，除極少數敢冒死直諫外，絕大多數皆持祿保位，「以言爲諱」，他們既拱默於朝，胥吏遂敢玩法舞弊，殘害百姓了。（註一二一）成帝時，政府既無財力積極開鑿或疏浚河渠，豫防水患與旱災，所以河水屢次泛濫爲災。例如，成帝建始初年，清河都尉馮逡奏請浚屯氏河，事下丞相、御史，認爲「方用度不足，可且勿浚」，三年後，「河果決於館陶及東郡金堤，泛溢兗、豫，入平原、千乘、濟南，凡灌四郡三十二縣，水居地十五萬餘頃，深者三丈，壞敗官亭室廬且四萬所」。又過了兩年，「河復決平原，流入濟南、千乘，所壞敗者半建始時」。（註一二二）鴻嘉四年（前一七），「勃海、清河、信都河水湓溢，灌縣邑三十一，敗官亭民舍四萬餘所」。（註一二三）又哀帝初年，平當使領河堤，奏言「宜博求能浚川疏河者。」事下「丞相孔光、大司空何武，奏請部刺史、三輔、三河、弘農太守舉吏民能者，莫有應書。待詔賈讓雖奏陳治河三策，（註一二四）但無結果。

總之，這時期的水災，僅據五行志統計，就佔了全西漢水災總次數的九分之四次。在漢代，關東爲國家的財富中心，關中的糧食仰給於關東，所以，在漢書本紀上獨對關東的災荒大書特書。（註一二五）我們從元帝成帝與哀帝的本紀上看來，可知自元帝以後，災荒頻仍，尤其是水災，爲患最甚，嚴重的影響了糧食生產。由於供需失調，穀價便騰貴起來。如食貨志上說：

元帝即位，天下大水，關東郡十一尤甚。二年，齊地饑，穀石三百餘，民多餓死，琅邪郡人相食。

元帝紀云：

初元元年九月，關東郡國十一大水，饑，或人相食，轉旁郡錢穀以相救。

又云：

二年六月，關東饑，齊地人相食。

又云：

永光元年三月，隕霜傷麥稼，秋罷（如淳曰：「五行志永光元年三月隕霜殺桑，九月二日隕霜稼，天下大饑。言傷麥稼，秋罷，是也。」師古曰：「秋者，謂秋時所收穀稼也。今俗猶謂麥豆之屬爲雜稼。云秋罷者，言至秋時無所收也。」）

次年，又因歉年，各地的穀價更高漲起來。如馮奉世傳說：

是（歲時）〔時歲〕比不登，京師穀石二百餘，邊郡四百，關東五百。四方饑饉……。

成帝以後，情況日形嚴重，建始三年（前三〇）、四年，河平元年（前二八）三年、四年、與陽朔二年（前二三），關東等均發生大水災，人民田舍都遭受到很大的損失，加以大旱爲災，使得「黎民婁困於饑寒」（以上均見本紀）。此後，「天災仍重」，食貨志上云：

成帝時，天下亡兵革之事，號爲安樂，然俗奢侈，不以畜聚爲意。永始二年，梁國、平原郡比年傷水災，人相食，刺史守相坐免。

如上所說，糧價既漲，靠糧食來供給的勞動力的價格，卽工資，自然也隨着上漲。工資既漲，一切商品的生產成本自然要提高，因而商品的價格自然也跟着昂貴起來。益以當時貴族公卿，「奢侈逸豫，務廣第宅，治園池，多畜奴婢，被服綺縠，設鐘鼓，備女樂，車服嫁娶葬埋過制。吏民慕效，寖以成俗」，（註一一六）這種無節制的奢侈浪費，更助長了物價的高漲。例如，當時一張錦，價值八萬以下，在京師約用三百二十石穀才能買得此物（以穀每石二百五十錢計）。

(2) 振貸政策的效果

漢興以來，政府每當天災發生後，無不積極推行振貸政策。降至晚期，政治雖然日壞，但政府對於振貸政策的實行，仍然不遺餘力。元帝等，每當天災肆虐，農村破產後，即以種、食、錢、穀或衣物等等貸給農民。此外，並詔令宮廷官吏，節省開支，減少糧食耗費，以穩定物價，減輕民痛。今將元帝等本紀中所載摘述於下：

元帝紀云：

初年元年，以三輔、太常、郡國公田及苑可省者振業貧民，貲不滿千錢者賦貸種、食。夏四月又詔曰：「關東今年穀不登，民多困乏。其令郡國被災害甚者毋出租賦。江海陂湖園池屬少府者以假貧民，勿租賦。」

六月，以民疾疫，令大官損膳，減樂府員，省苑馬，以振困乏。

九月，關東郡國十一大水，饑，或人相食，轉旁郡錢穀以相救。……其令諸宮館希御幸者勿繕治，太僕減穀食馬，水衡省肉食獸。

二年三月，詔罷黃門乘輿狗馬，水衡禁囿、宜春下苑、少府佽飛外池、嚴籞池田假與貧民。

詔曰：「郡國被地動災甚者無出租賦。」

六月，關東饑，齊地人相食，詔吏虛倉廩，開府庫振救，賜寒者衣。

三年夏，旱，六月，詔曰：「罷甘泉、建章宮衛，令就農。百官各省費。」

五年夏四月，詔曰：「乃者關東連遭疾害，饑寒疾疫，夭不終命。其令太官毋日殺，所具各減半。乘輿秣馬，無乏正事而已。罷角抵、上林宮館希御幸者、齊三服官、北假田官、鹽鐵官、常平倉（永光三年冬，以用度不足，復鹽鐵官。）。

永光元年三月，詔曰：「無田者皆假之，貸種，食如貧民。」

四年春二月，詔曰：「所貸貧民勿收責。」

成帝紀云：

建始元年十二月，是日大風，拔甘泉時中大木十韋以上。郡國被災什四以上，毋收田租。

二年春正月，詔曰：「減天下賦錢，算四十。」

三月，罷六廄，技巧官。

河平四年三月，遣光祿大夫博士嘉等十一人行擧瀕河之郡水所毀傷困乏不能自存者，財振貸。其爲水所流壓死，不能自葬，令郡國給檟櫝葬埋。已葬者與錢，人二千。

鴻嘉四年，詔曰：「關東……被災害什四以上，民貲不滿三萬，勿出租賦。逋貸未入，皆勿收。」

秋，勃海、清河河溢，被災者振貸之。

永始二年二月，詔曰：「關東比歲不登，吏民以義收食貧民，入穀物助縣官振贍者，已賜直，其百萬以上，加賜爵右更……十萬以上，家無出租賦三歲。萬錢以上，一年。」

哀帝紀云：

綏和二年秋，詔曰：「乃者河南、潁川郡水出，流殺人民，壞敗廬舍。已遣光祿大夫循行舉籍，賜死者棺錢，人三千。其令水所傷縣邑及他郡國災害什四以上，民貲不滿十萬，皆無出今年租賦。」

從上面看來，可知振貸和賑濟略有不同，因爲前者在豐收的年成，受振者尙有償還的義務。不過在農村破產以後，農民是否有償還的力量，也是一個問題。所以，政府於振貸以後，又時有釋逋釋貸的詔令。此外，如陽朔二年，鴻嘉四年，讓關東流民入關的事例，也是振貸政策的變相。

總之，振貸政策雖然立意很好，也的確爲救荒中最快的辦法，但實行起來，效果不大。因爲這種政策只是一種暫時治標的辦法，災荒發生了，政府便撥一筆錢來振貸給災民，當災荒消失了，政府就不再管他們了。何況經管這種事的官吏，也難免不「緣姦作邪，侵削細民。」所以，政府往往花費了一大批金錢，但效果並不如理想。（註二七）

哀帝卽位後，雖然看出社會的根本問題，在於貴族富豪多畜奴婢，田宅無限，與民爭利。他雖然採納了孔光等的改革方案，準備實施，一時田宅奴婢之價格大減；但不久，當權的外戚丁、傅兩家，和方貴寵的嬖臣董賢，都表示對自己不便，哀帝乃卽刻下令暫緩實施。因此，這醞釀已久的根本改革運動又煙消雲散了。社會根本的問題不能解決或緩和，證明劉氏的帝運將盡，翻天覆地的社會大變動即將來臨。

㈤王莽時期（西元一——二三）

⑴物價暴漲的原因

西漢的米價，到王莽時期，又暴漲到漢興以來的第二高峯，當時米價之高僅次於漢高祖時代。造成這種現象的原因，約有下列幾點：

（甲）由於人口的增加與糧食產量的失調：西漢到王莽專政時，社會問題日益嚴重，而最嚴重的問題莫過於社會生產的速率小於人口增加的速率。由上節的討論，可知西漢的人口是日益增加的。從宣帝到西漢末年，在這五十多年中，人口又增加將近一倍。到平帝卽位，全國墾田與戶口的數目，據漢書卷二十八下地理志載爲：

> 提封田一萬萬四千五百一十三萬六千四百五頃，其一萬萬二百五十二萬八千八百八十九頃，邑居道路，山川林澤，羣不可墾，其三千二百二十九萬九百四十七頃，可墾不可墾，定墾田八百二十七萬五百三十六頃。民戶千二百二十三萬三千六十二，口五千九百五十九萬四千九百七十八。漢極盛矣。（註二一八）

如上節所述，當時提封田共 145,136,405 頃，其中 102,528,889 頃是邑居道路，山川林澤，都無法墾殖。另外除去可墾而尚未開墾的 32,290,947頃，實際上已開墾的田只有 8,270,536頃。假若農民佔全國總人口的百分之八十，則農戶共 9,866,453，農人共 47,675,980，卽每一農家只可耕田84畝。根據李悝的計算，和晁錯的觀察，像這樣的家庭是很難維持生活的。漢武帝時，雖然推廣灌溉，改良耕作方法，但實際上對貧農的幫助不大。至西漢晚期，社會上糧食的總生產量雖大於總消費量，然而由於貴族富豪犬馬的食用，及釀酒的消耗，已使社會上發生缺糧的現象。由於穀少，乃促成其價格的上漲，其他商品的價格也因成本的提高而上漲起來。

當時中原一帶可墾的土地已日益減少（因大部已經開墾了），江漢以南，雖然可墾的土地很多，但是貧農不僅安土重遷，而且也沒有開墾新土地的資本，貴族富豪雖有這種力量，而他們的生活已非常舒適，也不願無緣無故遠涉荒僻，冒死犯難的去投資開墾。所以，江南一帶進行有效的開發，還是東漢與以後的事。（註一一九）因此，在自然經濟時代，一般人都認爲土地是財富的根本，當時一般人的財產觀念是「本富爲上，末富次之，姦富最下。以末致財，用本守之。」加以土地的面積和位置受天然與空間的限制，不能隨着人類的慾望任意的增加與移動。因而愈使得土地兼并之風日益激烈，（註一二〇）膏腴沃壤的價格也愈來愈高了。

（乙）由於荒災連年，使糧食收穫量銳減：我們在前面曾幾次討論到荒災對糧食生產的影響。這種情形，尤以此時期最爲嚴重。現在把文獻上有關此事的記載摘錄於此，作爲參考。如哀帝紀說：

建平四年（前三）春，大旱。

又平帝紀說：

元始二年（西元二年）夏，郡國大旱，蝗，青州尤甚，民流亡（五行志中之下，亦有記載）。

又王莽傳中說：

始建國三年（十一），瀕河郡蝗生。

河決魏郡，泛清河以東數郡。先是，莽恐河決爲元城冢墓害。及決東去，元城不憂水，故遂不隄塞。

天鳳元年（一四）四月，隕霜，殺屮木，海瀕尤甚。六月，黃霧四塞，七月，大風拔樹，飛北闕直城門屋瓦。雨雹，殺牛羊。

緣邊大飢，人相食。

天鳳二年（一五），邯鄲以北大雨霧，水出，深者數丈，流殺數千人。

三年二月乙酉，地震，大雨雪，關東尤甚，深者一丈，竹柏或枯。

是月（五月）戊辰，長平館西岸崩，邕涇水不流，毀而北行。

又王莽傳下說：

天鳳四年八月，莽親之南郊，鑄作威斗。……鑄斗日，大寒，百官人馬有凍死者。

五年（一八），以大司馬司允費興爲荆州牧，見，問到部方略，興對曰：「荆、揚之民率依阻山澤，以漁采爲業。間者，國張六筦，稅山澤，妨奪民之利，連年久旱，百姓飢窮，故爲盜賊。……。」

六年，是時，關東饑旱數年，力子都等黨衆寖多。

地皇元年（二〇）七月，大風毀王路堂。復下書曰：「惟即位以來，陰陽未和，風雨不時，數遇枯旱蝗螟爲災，穀稼鮮耗，百姓苦飢，蠻夷猾夏，寇賊姦宄，人民正營，無所錯手足。」

二年，秋，隕霜殺菽，關東大饑，蝗。

三年二月，霸橋災，莽下書曰：「……今東方歲荒民飢，道路不通，……。」

是月，關東人相食。

又食貨志上說：

後三年，……常苦枯旱，亡有平歲，穀賈翔貴。

在一切的災荒中，對糧食生產的損害大小不同，蝗災往往有局部性，受害的地區較小；水災過後，次年還有豐收的希望；獨有旱災最可怕，最嚴重的損害到糧食之生產。從上面看來，在王莽時期，旱災頻仍，使收穫量銳減，其價格自然就暴漲了。而其他商品的價格也自然因成本的提高上漲起來。

(丙)由於王莽時常改變幣制，人民深怕遭受損失，所以，除必要時始出售穀物等外，自會儘量貯藏實物以求保值。這樣一來，因爲不急於出售或爭購實物，商品在市場上的交易量便日益減少了，食貨志下所說的「農商失業，食貨俱廢，民涕泣於市道。」可能就是指的這種情形。總之，因爲供求失調，商品的價格自然會高漲起來的。關於這一點，雖史無明文，但這是可以想像得到的事。

(2)社會改革的失敗與新朝的滅亡

由於上述的幾點原因，使王莽時期的米價暴漲到漢興以來之第二高峯（如前圖所示）。例如王莽傳下說：

地皇二年（二一），……秋，隕霜殺菽，關東大饑，蝗。……今雒陽以東，米石二千。

又食貨志上云：

後三年，……邊兵二十餘萬人仰縣官衣食，用度不足，數橫賦斂，民兪貧困。常苦枯旱，亡有平歲，穀賈翔貴。

末年，盜賊羣起，發軍擊之，將吏放縱於外。北邊及青徐地人相食，雒陽以東米石二千。

又後漢書卷一上光武紀說：

建武二年（二六），初，王莽末，天下旱蝗，黃金一斤易粟一斛。

自王莽專政後，對於災民的救濟，也是實行的振貸政策。例如平帝元始二年（二），郡國發生旱災蝗災，他身爲安漢公首先獻出錢一百萬，田三十頃，交付大司農分配給貧民，（註一三一）於是公卿大臣如孔光、王舜、甄豐、馬宮與王崇等二百三十人紛紛慕效，獻出田宅，計口將它分給貧民。並遣使捕蝗，人民捕得蝗後，官吏則量蝗之多少發給賞錢。國內非災地區的人民財產不滿二萬錢的，與災區人民的財產不滿十萬（似爲一萬之誤）錢者，列爲貧民，皆免繳租稅。對疾疫地區的災民，則「舍空邸第，爲置醫藥。」如一家病死六人以上，發給喪葬費五千，四人以上的給三千，二人以上的發二千。王莽又罷除呼池苑，改爲安民縣（在今甘肅境內），並建好官寺市里，招募貧民遷居到那裏，沿途飲食，與到達新縣所需用的田宅、器具、犂、耕牛、穀種、糧食都由公家供給或貸給。又在長安城內，新增設五個里，建造了住宅二百區，供貧民居住。（註一三二）此外，每逢發生水災旱災，他便素食，表示心中很難過的樣子。（註一三三）他這些作爲的確造福了不少的貧民。

他篡位後，荒災依然連年不斷，他雖然繼續推行振貸政策，但由於官吏的貪殘，國家雖花費了無數的金錢與物資，貧民不僅未受其利，反深受其害。如食貨志上說：

莽遣三公將軍開東方諸倉振貸窮乏，又分遣大夫謁者教民煮木為酪；酪不可食，重為煩擾。流民入關者數十萬人，置養澹官以稟之，吏盜其稟，饑死者什七八。

王莽傳下也說：

莽以天下穀貴，……流民入關者數十萬人……餓死者十七八。先是，莽使中黃門王業領長安市買，賤取於民，民甚患之。業以省費為功，賜爵附城。莽聞城中饑饉，以問業。業曰：「皆流民也。」乃市所賣梁餅肉羹，持入視莽，曰：「居民食咸如此。」莽信之。

同書又說：

地皇三年（二二）二月，莽下書曰：「今東方歲荒民饑，道路不通，東岳太師亟科條，開東方諸倉，賑貸窮乏，以施仁道。」

是月，關東人相食。

四月，莽曰：「枯旱霜蝗，饑饉薦臻，百姓困乏，流離道路，于春尤甚，予甚悼之。今使東獄太師特進褒新侯開東方諸倉，賑貸窮乏。太師公所不過道，分遣大夫謁者並開諸倉，以全元元。」

……莽下書曰：「惟民困乏，雖溥開諸倉以賑贍之，猶恐未足。其且開天下山澤之防，諸能采取山澤之物而順月令者，其恣聽之，勿令出稅。至地皇三十年如故，……如令豪吏猾民辜而攉之，小民弗蒙，非予意也。」

如上所述，這種振貸政策，只是臨時治標的辦法。王莽深知非用釜底抽薪的辦法，是無法解決日益嚴重的貧富不均和惡性兼幷的問題。先是，他承襲了賈誼、晁錯、董仲舒、王吉與貢禹的均貧富、抑兼幷、勸農桑、利民生的思想。當他卽眞後，始完全實行出來。因此，於始建國元年（九），他下詔：「更名天下田曰王田，奴婢曰私屬，皆不得賣買。」違反賣買王田與奴婢的受重罰。他又先後改變貨幣，想藉此打倒商賈，繼而又推行五均六筦，以達到均貧富（齊衆庶）、抑兼幷、使市場無二價以及豪强富賈不得欺壓或要挾貧弱的目的。

總之，他這種空無前例的大變革，除變更幣制外，其他可以說都切中時弊。但這種政策實行後，不僅使貴族豪强大地主與富商巨賈的既得利益遭受到嚴重的損害，同時，由於中央與地方官吏都無俸祿，又被羲和派到各郡督察五均六筦的命士都是富商大賈出身，因此，他們互相勾結，無惡不作，「受取賕賂以自共給」，（註一三四）結果，使原來利民的良法，也變成害民的桎梏了。後來，新朝終於被貴族富豪與平民聯合推翻。關於王莽改革的內容，得失與失敗的原因也曾在拙著「兩漢的經濟思想」一書中討論過，於此不再細說了。（註一三五）

四、結　論

從上面看來，可知物價的變動，對於國家社會的治亂興衰，人民生活的好壞，都有很大的關係，它在經濟史上的重要性是不容忽視的。

其次，在西漢有關物價的記載中，除糧食價格外，不但絕大部分都集中於中期以後，而其變動也很小，獨有糧食價格的變動不但特別大，並且在時期的分配上也比較平均。因爲糧食是人類的必需品，所以，其價格的上漲與下落，都間接影響到其他商品價格的漲落。如糧價漲了，依靠糧食來供給的勞動力的價格，卽工資，自然也隨着上漲。工資旣漲，一切商品的生產成本自然要提高，而商品的價格也自然隨着昂貴起來。反之，如糧價落了，靠糧食來供給的勞動力的價格，卽工資，自然也隨着降低。工資旣降，一切商品的生產成本自然降低，而商品的價格也自然跟着低廉起來。這就是糧價領導物價論。本文的研究卽採取這種理論。

由上面米價變動圖看來，西漢米價的變動情況，恰似一條上拋物線，先由最貴逐漸降爲最賤，然後由最賤升至次貴，這種相差不成比例的現象，乃是各時期社會情況不同，和經濟政策的成敗造成的。

高祖惠帝與呂后時期，由於秦末以來的戰爭關係，人民多去農爲兵，生產銳減，又戰爭本來就是對於物資的一種大消耗，市場上的商品已供不應求，益以高祖廢秦半兩錢，改鑄莢錢，這種廢重鑄輕，而又聽民私鑄的結果，因爲貨幣貶值，更助長了物價的暴漲。高祖等乃一面積極獎勵農業，增加生產，以期供需平衡，一面打擊囤積居奇操縱物價的商賈，並發行新幣，以求穩定物價，安定社會。他們的重農政策，雖然收效很大，但因農工商虞四者，爲人民衣食之原，捨一不可，所以，其抑商政策，並沒有什麽成效可言。

文帝和景帝，一方面承襲前代的基礎，繼續與民休息，躬修節儉，減輕田租，親耕藉田，提倡農桑；一方面嚴懲官吏假勢賤買貴賣，以防止其操縱物價，因而穀價大跌。然由於國稅與私租的差率太大，和賦稅也不分貧富，一律繳納，失去公平，尤其除盜鑄錢令，令人民（富豪）自由鑄造，在放任政策下，農民自然無法與商賈富豪競爭，因而，貧者愈貧，富者愈富，終於形成了人間的天堂和地獄的矛盾景象。

武帝時，由於長期對外用兵，和前期幣制的紊亂，以及京師各機關互相爭購所需的物品，因爲商品的供不應求，和通貨膨脹，而引起了物價的騰貴。但自武帝任用桑弘羊，統一貨幣、實行鹽鐵專賣與均輸平準後，不僅使「富商大賈亡所牟大利」，和穩定了物價，而且也收到「民不益賦而天下用饒」的宏效。

昭帝卽位後與民休息，宣帝時勵精爲治，他們都積極救災減賦，安輯流亡，推廣灌漑，獎勵農桑，增加生產，益以對外有未經挫折過的武功，對內有盡忠職守的廉吏，使得宣帝時代的米價，下降到秦漢以來的最低點。但穀賤傷農，所以政府除屢詔以叔粟當賦外，並設置常平倉，以調節穀價，達到利農利民的目的。結果，成效卓著，人民稱便。

元成哀時期，由於人口日益增加，政治日趨腐敗，奢侈之俗也日益嚴重，以及天災頻仍，復影響了生產，更使得糧食供不應求，關東災情尤爲慘重，琅邪郡竟發生人相食的悲劇。糧價既貴，一切奢侈品更昂貴的駭人。當時政府雖積極振貸，但杯水車薪，於事無補。益以當時土地兼并日烈，蓄奴之風盛行，孔光改革的方策被權貴推翻後，證明西漢的命運將告結束。

王莽專政初期，卽平帝時，人口之盛，已達西漢極點，社會上已發生缺糧的現象，繼而旱蝗連年，收穫量銳減，益以王莽變革幣制之失策，使得農商失業，食貨俱廢，遂導致米價的暴漲，上升到西漢的第二高峯，北邊與青徐一帶人相食，新莽政權也終於因改革失敗而被推翻。從此歷史的發展又轉入另一時期。

總括本文的研究，可以使我們得到下列幾點認識，這幾點認識對我國今後解決對內的問題或將有點幫助：

㈠要使國家富强與改善人民的生活，必須使絕大多數的國民都從事實際的生產工作，並從根本上戒除奢侈，減少浪費，卽使「生之者衆，食之者寡，爲之者疾，用之者舒。」如此始能達到目的。

㈡處此海島經濟，必須農工商並重。獎勵農業，增加生產，以維民食；發展工商，加强外銷，以賺取外滙，或換購强國利民的生活必需品。

㈢要使國家富强與社會安定，必先徹底實行節制私人資本，發達國家資本，以縮短貧富之差距；並眞正使耕者有其田，以減輕田租，協助輔導，達到使民多樂意務農的目的。

㈣制度沒有新舊，學說也不必分中外古今，凡能適合當前實際需要的，便是最好的，與最宜採擇實行的。如桑弘羊的均輸平準，耿壽昌的常平倉法，都可以加以改良，仿效實施，以利民生。但人都有利己之心，爲政者必須特別注意及此，否則，一切良法與善制，行之稍久，都會發生流弊的。

㈤物價上漲，有時並非壞事，但爲預防影響民生起見，除增加生產，以求供需平衡外，並嚴格控制貨幣數量，作爲穩定物價水準的手段。

㈥發展農工商業，要有全盤計畫，一切力求系統化，企業化，密切配合，次第實施，萬不可避重就輕，捨本逐末，動搖國本，傷風敗俗，爲禍於民。

注　釋

註一　參看全漢昇著宋末的通貨膨脹及其對於物價的影響，中研院史語所集刊第十本，民國三十七年四月出版。另見全氏著中國經濟史論叢第一冊，頁三五四，一九七二年八月，香港新亞研究所出版。另參看張蔭麟著南宋亡國史補，張蔭麟文集，民國四十五年十二月，中華叢書委員會印行。

註二　管子第十五卷治國篇，四部備要本，中華書局印行。

註三　漢書卷二十四上食貨志，新校漢書集注本，頁一一二八，民國六十一年九月，世界書局出版。

註四　同書，頁一一三一。

註五　參看全漢昇著北宋物價的變動，史語所集刊第十一本，民國三十三年出版，另見全氏著中國經濟史論叢第一冊，頁二九——八四。

註六　這些困難是研究中國古代經濟史的人所共同感覺到的，陳嘯江氏在西漢底通貨單位和物價一文中便會說過。不過近幾十年來，由於漢簡等遺物的發掘與研究，在材料不充足的情況方面比從前好多了。

註七　見陳嘯江著西漢底通貨單位和物價，中山大學文史學研究所月刊第二卷第二期，頁七九，民國二十二年十一月出版。

註八　同上註，頁八〇——八六，例如九章算術一書係由漢代張蒼、耿壽昌與劉徽編註而成的，爲漢代上自軍國稅收，下至民間日用之數書。其中關於物價的史料，頗爲珍貴。該書雖爲假設算題，當與實際情況相差不遠，然陳氏並未採用此書。

註　九　見陳直著兩漢經濟史料論叢漢代的米穀價及內郡邊郡物價情況，頁二八一——二八九，中研院史語所傅斯年圖書館藏。

註一〇　參看勞榦（貞一）著居延漢簡考證，頁五十八，史語所專刊之四十，居延漢簡考釋之部第三、民國四十九年四月出版。

註一一　同註七，頁七十二——八十六。

此圖係依陳氏所繪之圖修改而成。

註一二　參看勞貞一著漢簡中的河西經濟生活，史語所集刊第十一本，頁六十九。

註一三　同註三，頁一一二六。

註一四　同上，另見漢書卷六十四上嚴安傳，頁二八一一——一二；二七九九——二八〇〇。

註一五　同上書主父偃傳，頁二八〇〇。

註一六　史記卷九十七酈生傳，新校史記三家注本，頁二六九四，民國六十一年十二月，世界書局印行。

註一七　同上書卷七項羽本紀，頁三二八。

註一八　同上註，頁三〇五，另見卷五十三蕭相國世家，頁二〇一六。

註一九　參看施建生著經濟學原理第二十一章第五節貨幣數量學說，頁四二七——三四，民國四十四年九月，大中國圖書公司經銷。

這種學說，事實上絕不是西洋所獨有的，中國先哲也早就發揮過了。例如管子、陸贄、李覯、戴埴等有關這方面的言論，就是很好的證明，此見全漢昇著宋末的通貨膨脹及其對於物價的影響，頁三二四。

註二〇　參看施氏著經濟學原理第三章第一節需要供給與價格，頁三〇——五八。

註二一　史記卷三十平準書，頁一四一八索隱。
註二二　同註七，頁七四。
註二三　參看勞榦著兩漢戶籍與地理之關係，史語所集刊第五本第二分，頁一七九，民國二十五年十二月出版。
陳嘯江著西漢社會「純經濟過程」之解剖，第二節西漢經濟展開的三期，現代史學，頁一一五。
註二四　參看呂思勉著秦漢史第十五章第四節錢幣，頁五五三，開明書店印行，民國五十八年一月臺一版。
註二五　同註九，頁一二三。
註二六　漢書卷六十四下嚴安傳，賈捐之傳及卷六十四上主父偃傳。
註二七　同註三，頁一一二六。
註二八　同上，註頁一一三七。
註二九　同上註。
註三〇　漢書卷一下高帝紀，頁七〇。
註三一　漢書卷二惠帝紀，頁八五。
註三二　同上註，頁九〇。
註三三　漢書卷三高后紀，頁九六。
註三四　以上同註三〇，頁五四——六三。
註三五　同註三一，頁九一。
註三六　同註三〇，頁六五。
註三七　漢書卷二惠帝紀六年注引應劭曰，頁九一。

註　三八　同註三三，頁九七。

註　三九　同上註，頁九九。

註　四〇　漢書卷二十三刑法志，頁一〇九六。

註　四一　同註三三，頁一〇四，又刑法志頁一〇九七。

註　四二　同註三〇，頁六九。

註　四三　讀通鑑論卷二漢高帝，頁一四，世界書局印行，民國五十九年八月再版。

註　四四　漢書卷三高后紀注引應劭曰，頁九七——九九。另見同註七，頁七五。

註　四五　朱謙之撰老子校釋，頁一四九，明倫出版社印行，民國六十年二月再版。

註　四六　史記卷一二九貨殖傳，頁三二六一。

註　四七　同註三，頁一一二七——一一三〇。

註　四八　同註四五，頁一三六，一八七。

註　四九　同註三，頁一一三〇——一一三五。

註　五〇　文帝在前元二年（前一七九）九月已曾下過類似的詔書，因未收效，故採納晁錯的建議，復下減稅詔，見漢書卷四文帝紀，頁一一八。

註　五一　同註三，頁一一三五。

註　五二　同註四五，頁七，二九。

註　五三　漢書卷五景帝紀，頁一三九。

註　五四　同上，註頁一四七。

註五五　同書言：成帝嘗問劉向以世俗傳道文帝之事，而向皆以爲不然，頁五——七。
註五六　同註三，頁一一四三。
註五七　荀悅撰漢紀，頁七〇，民國六十年十月，商務印書館印行。
註五八　同註三，頁一一三七。
註五九　同註五六。
註六〇　漢書卷七昭帝紀，元鳳四年注引如淳曰，頁二二三〇。
註六一　同註三七。
註六二　同註六〇。
註六三　同註二八。
註六四　漢書卷九十一貨殖傳，頁三六八六。
註六五　漢書卷二十四上食貨志，頁一一四三，另見同書卷九十九中王莽傳。文中之引文見漢書卷六十四下賈捐之傳，頁二八三二
註六六　同註三，頁一一三二。
註六七　史記卷六秦始皇本紀，頁二二四。
註六八　同註三七，頁八八。
註六九　同註三，頁一一三四。
註七〇　漢書卷四十九晁錯傳，頁二三〇三。
註七一　同註四三，頁二六。

註七二 全晉文卷四十九傅子四，淸嚴可均校輯，民國五十二年五月，世界書局印行。

註七三 參看錢穆著秦漢史第二章第二節文景時代國內外之情勢，頁五二——五三，民國五十八年一月三版，三民書局經銷。

註七四 漢書卷二十四下食貨志，頁一一五七，另見漢書卷九十三佞倖傳，鹽鐵論錯幣篇，四部備要本，中華書局印行。

註七五 以上參看同註七，頁七六。

註七六 同註二八。

註七七 漢書卷四十八賈誼傳，頁二二四四——四五。

註七八 漢書卷九十九中王莽傳，頁四一一一。

註七九 漢書卷二十四下食貨志，頁一一五七。

註八〇 參看同註七四，頁一一七三——七五。

註八一 同註七九，頁一一六三。

註八二 同註一五，頁二八〇一，及同註二一，頁一四二二。

註八三 同註七九，頁一一六二。

註八四 資治通鑑卷二十二漢武帝征和二年謂大將軍靑曰：「漢家庶事草創，加四夷侵陵中國，朕不變更制度，後世無法；不出師征伐，天下不安；爲此者不得不勞民。若後世又如朕所爲，是襲亡秦之跡也。」頁七二一六，世界書局印行，民國五十九年十一月三版。

註八五 漢書卷六十四下賈捐之傳，頁二八三二。

註八六　同註五八。

註八七　同註六〇，頁二三二〇。

註八八　漢書卷八宣帝紀贊語，頁二七五。

註八九　漢書卷七十二貢禹傳，頁三〇七五。

註九〇　同註五八。

註九一　詳見昭帝宣帝之本紀。

註九二　根據漢書卷二十七中之上五行志所記載之次數，武帝時之旱災爲西漢其他時代之十四分之六次。

註九三　漢書卷二十九溝洫志，頁一六八五。

註九四　同上註，頁一六七九——八六。

註九五　同註九八，頁三六四二。

註九六　同註三，頁一一二四——二五。

註九七　同註三，頁一一四一。

註九八　同註三，頁一一四一。

註九九　參考陳嘯江著西漢政府的農業政策及其批許，頁一八四，中山大學文史學研究所月刊，民國二十三年二月出版。

註一〇〇　同註九六。

註一〇一　漢書卷九十一貨殖傳說：「自元、成訖王莽，京師富人杜陵樊嘉，茂陵摯網……爲天下高訾。樊嘉五千萬，其餘皆鉅萬矣。

此其章尤著者也，其餘郡國富民兼業顓利，以貨賂自行，取重於鄉里者，不可勝數。故秦楊以田農而甲一州，……。」

註一〇二　以上參看呂思勉著秦漢史第十六章第二節倉儲漕運糴糶，頁五六七，薩孟武著中國社會政治史第二章第六節農業社會的崩潰與王莽的改革，頁一八一，民國五十一年初版，三民書局經銷。

註一〇三　同註三，頁一一四二。

註一〇四　後漢書卷三十九劉般傳，頁一三〇五。

註一〇五　參考全氏著中國經濟史論叢第一冊，南宋初年物價的大變動，頁二三九——四〇中引范香溪文集有關平糴的言論。

註一〇六　讀通鑑論卷四漢宣帝，頁六〇。

註一〇七　以上參看勞榦著兩漢戶籍與地理之關係，頁一八〇。

註一〇八　漢書卷二十八下地理志，頁一六四〇。

註一〇九　同註三，一一二五。

註一一〇　同註七三，頁五四。

註一一一　桓寬撰鹽鐵論卷六水旱篇。

註一一二　同註八九，頁三〇七三。

註一一三　(1)見文帝紀後元年三月詔，(2)貢禹傳說：「今廐馬食粟將萬匹，……今民大饑而死，死又不葬，爲犬豬所食，人至相食，而廐馬食粟，苦其肥大，氣盛怒至，乃日步作之。」(3)參考薩氏著中國社會政治史頁一八三——一八六。

註一一四　同註八九，頁三〇六九——三〇七一。

註一一五　漢書卷八十二史丹傳，頁三三七九。

註一一六　漢書卷七十七孫寶傳，頁三二五八。

註一一七　漢書卷八十一張禹傳，頁三三四九。

註一一八　漢書卷八十一匡衡傳，頁三三四六。

註一一九　漢書卷八十四翟方進傳，頁三四四〇。

註一二〇　漢書卷七十九馮奉世傳云：「杜欽上疏，追訟奉世前功曰：『……臣聞功同賞異則勞臣疑，罪鈞刑殊則百姓惑；疑生無常，惑生不知所從；亡常則節趨不立，不知所從則百姓無所（措）〔錯〕手足。……』」漢書卷十成帝紀鴻嘉元年春二月，詔曰：「刑罰不中，衆冤失職，趨闕告訴者不絕。」

註一二一　參看梅福傳、匡衡傳及翟方進傳。

註一二二　同註九三，頁一六八八。

註一二三　同上註，頁一六九〇。

註一二四　同上註，頁一六九〇——九六。

註一二五　參看勞榦著兩漢戶籍與地理之關係，頁一八九。

註一二六　成帝紀元始三年六月詔，頁三二四。另見漢書卷二十八下地理志，頁一六四二——四三。

註一二七　參看同註九九，頁一八五——一八八。

註一二八　羣不可墾，可墾不可墾與定墾田數相加之和不等於提封田數，此不知如何解釋，待考。

註一二九　同註一二五，頁二一二。

註一三〇　參看拙著兩漢的經濟思想第二章（二）董仲舒的限民名田思想，頁五七——五八，民國五十八年七月，中國學術著作獎助委員會出版。

註一三一　漢書卷九十九上王莽傳，頁四〇五〇。

註一三二　以上見漢書卷十二平帝紀，頁三五三。

註一三三　同註一三一。

註一三四　同註七八，頁四一四三。

註一三五　同註一三〇，頁一二四——四二。另可參看同註九九，頁一八八——一九〇。

（原載國立臺灣大學歷史學系學報第三期，六十五年五月出版。）

東漢的選舉

一、前　言

杜佑的通典共分食貨、選舉、職官、禮、樂、兵、刑、州郡與邊防九個門類。這種排列的次序，正是杜氏不同凡響的政治理論之所在。他在書中開頭就說：

夫理道之先，在乎行教化。教化之本，在乎足衣食。易稱「聚人曰財」。洪範八政，一曰食，二曰貨。管子曰：「倉廩實知禮節，衣食足知榮辱。」夫子曰：「既富而教」，斯之謂矣。夫行教化在乎設職官，設職官在乎審官才，審官才在乎精選舉。制禮以端其俗，立樂以和其心，此先哲王致治之大方也。故職官設然後興禮樂焉，教化隳然後用刑罰焉，列州郡俾分領焉，置邊防遏戎狄焉。是以食貨爲之首，選舉次之，職官又次之，禮又次之，樂又次之，刑又次之，州郡又次之，邊防末之。或覽之者，庶知篇第之旨也。（註一）

所以，乾隆帝在重刻通典序中稱贊說：

觀其分門起例，由食貨以訖邊防，先養而後教，先禮而後刑，設官以治民，安內以馭外，本末次第，具有條理，亦恢恢乎經國之良模矣。

近幾年來，我在課餘，復讀兩漢書、三國志與通鑑等書，思之再三，愈覺得杜佑的見解卓越過人，愈相信經濟與選舉實爲政治的兩大基柱。歷史上任何朝代，如經濟社會問題得不到妥善的解決，選舉制遭受破壞，使得官非其人，賢愚混淆的話，它就會在政治腐敗、天災人禍的情況下而告結束。所以王符說：

> 君以恤民爲本，（ ）（ ）以選爲本，選舉實則忠賢進，選舉虛僞則邪黨貢。選以法令爲本，法令正則選舉實，法令詐則選虛僞。法以君爲主，君信法則法順行。……君臣法令之功，必效於民。……是故國家存亡之本，治亂之機，在於明選而已矣。（註二）

東漢雖亡於外戚與宦官，實際上是外戚宦官等豪族壟斷經濟和把持選舉釀成的。本文即討論東漢選舉腐化的原因、概況與影響。至於經濟問題對帝國的影響，將另文討論，以期未來對東漢歷史的發展能進一步的瞭解，並希望對今後政治的改進有點參考價值。

二、漢代人仕進的途徑概述

漢代人仕進的途徑，主要有選舉、辟召與任子制三類：

㈠**選舉**　兩漢的選舉制，歷史上稱爲鄉舉里選。其名目很多，大體可分爲不定期與定期兩種：

⑴不定期的選舉，也可稱爲特科，以賢良、方正、文學高第與直言、極諫爲最多。此外，有明當世之務、習先聖之術、茂才異等、明陰陽災異、勇猛知兵法、治河、使絕域及通曆算本草者等等。賢良方正的察舉，主要爲開直言之路，所以常在災異之後，被舉者多爲現任官吏。其他的特選，也都因一時的需要與好尙而有的。如光武建武七年（三一）夏四月詔曰：

> 比陰陽錯謬，日月薄食。百姓有過，在予一人，大赦天下。公、卿、司隸、州牧舉賢良、方正各一人，遣詣公車，朕將覽試焉。（註三）

⑵定期的選舉，也可稱爲常科，有孝廉和茂才兩項。茂才本名秀才，因東漢避光武諱改稱茂才；在西漢本屬特舉的一種，到東漢變成歲舉了。選舉的標準有四：即「一曰，德行高妙，志節淸白。二曰，學通行修，經中博士。三曰，明達法令，足以決疑，能案章覆問，文中御史。四曰，剛毅多略，遭事不惑，明足以決，才任三輔令。皆有孝弟廉公之行。」（註四）此即所謂「四科取士」。孝廉每年由郡太守選舉，所舉的大都不是現任官吏。而茂才由州刺史以上的官員（丞相、御史、列侯、九卿與刺史）方能察舉。因爲茂才名額少，任用高，所以較孝廉更爲可貴。（註五）東漢取士，以孝廉最多，在東漢人的碑誌上往往有「舉孝廉除郎」幾個字。郎是一種候補官，好的能補郡國守相，次等補縣令、長、丞、尉。

除考試有時由皇帝親自主試外，普通考試孝廉，選任郎官的責任，有時歸於尙書，有時歸於三公。因爲可以拔擢任用很多人，所以雙方常爭取這種權力，而且爭得很利害。比較而言，以權在尙書的時候爲多。（註六）

㈡**辟召**　兩漢各公府州郡衙門裏都有許多「曹」分掌各種職務，就像現在的「科」一樣。公府有十二曹，卽東曹、西曹、戶曹、奏曹、辭曹、法曹、尉曹、賊曹、決曹、兵曹、金曹、倉曹。州郡只有十曹，卽除去十二曹中的東西曹。每曹皆置「掾史」，掾爲曹長，史的地位在掾下，輔佐掾處理事務。卽掾如同現在的科長或主任，史與令史，如同科員。這些掾史，都由公府州郡自己辟除，卽自由選任。有時朝廷也令三府辟召某人，但必需有尙書的勅。州郡徵辟，只不過做個地方小吏，不一定有多大希望。如被公府辟召，上司卽中央大員，位高言重，自己如被賞識和提拔，便很快的轉任大官。（註七）故馬端臨說：「兩漢二千石長吏皆可以自辟曹掾，然東漢之世，公卿尤以辟士相高。有五府俱辟如黃瓊者，四府並命如陳紀者。」（註八）又說：「蓋東漢時，選舉辟召皆可以入仕。以鄉擧里選循序而進者，選擧也；以高才重名躐等而升者，辟召也。故時人猶以辟召爲榮。」（註九）又崔寔說：「三府掾屬，位卑職重，及其取官，又多超卓，或期月而長州郡，或數年而至公卿。」（註一〇）此外，也有朝廷聞高名，直接辟召的，如順帝爲樊英設壇席，待以師傅之禮，延問得失。（註一一）

㈢**任子制度**　這類似蔭襲制，西漢已有，辦法是：「吏二千石以上視事滿三歲，得任同產若子一人爲郎。」（註一二）東漢仍然繼續，安帝建光元年（一二一）二月下詔，重申西漢的任子令：「以公、卿、校尉、尙書子弟一人爲郎、舍人。」（註一三）舍人卽太子舍人，職位比郎低一點。有時三公的孫子得拜童子郎。這是全憑父兄甚至祖父的地位，就可取得與由選擧而來的人們同等的地位。（註一四）如桓郁、桓焉、耿秉、馬廖、宋均、黃瓊、袁敞、黃琬等人，都是由任子出身而日趨顯達的。（註一五）

三、東漢選舉腐化的原因

人類都有利己之心，爲政者如不深切注意這一點，任何良好的制度，行之寖久，往往產生反效果。西漢的選舉制，在武帝時卽發生弊端（註一六），元帝以後，「選舉不實」的事，在漢書中更屢見不鮮。大儒貢禹很感慨的說：

亡義而有財者顯於世，欺謾而善書者尊於朝，誖逆而勇猛者貴於官。……黥劓而髡鉗者猶復攘臂爲政於世，行雖犬彘，家富勢足，目指氣使，是爲賢耳。……察其所以然者，皆以……求士不得眞賢，相守崇財利，誅不行之所致也。（註一七）

他主張對「相守選舉不以實，及有臧者，輒行其誅，亡但免官」，（註一八）如此，他們「則爭進眞賢，舉實廉」，（註一九）天下便平治了。

元帝並沒有採納他的建議。成、哀之世，對選舉不實的官員也只是免職或貶秩了事。這種處罰並不算輕，爲何到了東漢，尤其章帝死後，選舉更變本加厲的腐化起來呢？究其原因，約有下列數點：

㈠東漢是豪族建立的政權（註二〇），這是光武帝和他的姻親、功臣用經濟勢力取得政治地位的大成功。這個南陽集團與外戚系統，開國後皆封侯受邑，取得了高官厚祿，雖已「攀龍鱗，附鳳翼，以成其所志。」（註二一）但他們並不滿足。秦漢以來，雖已實行選賢舉能的官僚政治，但他們希望這種既得權利能長此保持下去。周代「公門有公，卿門有卿」的世官制，卽所謂的貴族政治，仍是他們所懷念的。因此，他們雖已富貴，但還想使子孫、親友與依附者也尊貴起來，爲達到目的，覺得非挾勢把持選舉不可。典選舉的守相與刺史等官，在權門請託的壓力下，能有幾人敢公事公辦，不藉機徇私諂事權貴呢？因而便發生了「以族舉德，以位命賢。」（註二二）的現象。

㈡自西漢以來，因爲土地的兼併，產生了許多富豪。（註二三）東漢建立後，富豪依然遍及全國各地。（註二四）章和二年（八八），章帝死，和帝剛一繼位，竇太后臨朝，便用鹽鐵大利換取豪族的支持，乃下詔「罷鹽鐵之禁，縱民煮鑄」，（註二五）從此豪族的財富倍增（註二六），而且在他們的四周依附着許多人家與個人，而形成一個支配着千家萬戶的地方集團。如仲長統說：「豪人之室，連楝數百，膏田滿野，奴婢千羣，徒附萬計。船車賈販，周於四方；廢居積貯，滿於都城。琦賂寶貨，巨室不能容；馬牛羊豕，山谷不能受。」（註二七）富貴榮華是人人所欲的。地方豪族雖然過着富裕而奢侈的生活，却富而未貴；雖可將自己買成復民，但擁有的奴隸與徒附，仍然不能免除對官府的義務。這對他們是一種相當的損失。因而他們很想取得政治地位，一方面卽可滿足光宗耀祖的慾念；另一方面來輔助他們經濟勢力的擴張，如後來晉朝允許蔭客免課役的辦法，正是他們所期望的。但當時制度絕不容許大改，富豪只好先交通王侯、官府，活動選舉，以爭取政治地位，達到貴而更富的願望。我們從趙王良臨終前，尤向光武帝爲大姓李子春乞命一事（註二八）看來，可推知一般王公大臣都有憑着自己的權勢，幫助拜託他們的地方豪族活動選舉的可能。又從富人王仲家有千金，想送給寒士公沙穆一百萬錢，使他買個官做，自己也得些做官的好處，而被穆拒絕的故事（註二九）作爲證明，可知東漢中期以後已發生了李固所說：「今之進者，唯財與力。」（註三〇）的流弊了。

㈢漢制三公、五府、郡國守相等現任官吏，都有辟召與選舉的權力。這樣一來，凡歷任要職的達官貴人，一定擁有許多故吏、門生與被舉的人（註三一）。故吏對於長官，門生對於師長，被舉者對於舉主，都有君臣之誼，都有盡隸屬義務的責任。將來他們在仕途上得意時，對原來的舉主至少會報些私恩。若他們做了原來舉主的郡裏的太守，必然也會選舉他的子孫。因此，自己選舉過人的後代，便很容易被人選舉的。這樣便發生了選舉多取年少，希望他們將來貴顯可以報恩的流弊（註三二）。其次，自秦漢以來，已從貴族政治改成爲官僚政治，一些高官大吏們，有權勢，有地位，日子久了，逐漸形成一個在外戚、宦官兩種勢力之外的官僚豪族集團。他們也爲了堅持或擴張這種既得權利起見，也覺得非操縱選舉不可。因而他們選用人才，便假公濟私，把官爵當成私恩，將人才變成弄權利己的工具。范曄說：「和安之後，世務游宦，爲當塗者更相薦引。」（註三三）以至「名實不相副，求貢不相稱。」（註三四）所以抱朴子說：「漢之末年，舉士也必附己者爲前，取人也必多黨者爲決；而附己者不必足進之器也，同乎我故不能遺焉，而多黨者不必逸羣之才也。」（註三五）

㈣光武、明帝和章帝可說都是好君主，然而只是人事好，並沒立下很好的制度。因此，君主賢明，事情便做的好，君主昏愚，政治上並沒有約束他的制度，一切便發生了問題（註三六）。從和帝起，繼位的君主大都幼弱與昏闇，形成外戚宦官相繼亂政的局面。外戚大多是些德義不修、驕縱奢侈之徒；而宦官更多是窮凶極惡的份子。在這「賞罰無章，賄賂公行」，（註三七）的黑暗政治下，東漢的選舉自然也腐化到了極點。抱朴子說：

桓靈之世，柄去帝室，政在姦臣，網漏防潰，風頹敎沮，抑淸德而揚諂媚，退履道而進多財，力競成俗，苟得無恥，或輸自售之寶，要人之書，或父兄貴顯，望門而辟命，低眉膝以積習而見私。………梟鴟屯飛………豺狼當路………姦僞榮顯………羣賢括囊………凶邪相引………小人道長………頌聲所以不作，怨嗟所以嗷嗷也。（註三八）

四、東漢選舉腐化的概況

東漢政權建立後，功臣、外戚與宗室王侯很快的形成一個特殊的豪族集團，他們假勢在經濟上侵漁百姓，在政治上把持選舉。所以，在光武帝時就開始鬧選舉不實。北堂書鈔設官部引漢官儀說：

世祖詔：方今選舉，賢佞朱紫錯用。丞相故事，四科取士，一曰德行高妙，志節淸白。二曰學通行脩，經中博士。三曰明達法令，足以決疑，能案章覆問，文中御史。四曰剛毅多略，遭事不惑，明足以決，才任三輔令。——皆有孝悌，廉正之行。自今以後，察四科辟召，及刺史二千石，察茂才，尤異，孝廉之吏，務盡覈選，擇英俊賢行廉潔平端。於縣邑，務授事以職。有非其人，臨計過署。不便習官事，書疏不端正，不如詔書，有司奏罪名，並正舉者。（註三九）

中元二年（五七），光武帝崩，明帝繼位數月後，即揭露了中興以來，選舉不實的原因。

今選舉不實，邪佞未去，權門請託，殘吏放手，………有司明奏罪名，并正舉者。（註四〇）

又永平元年（五八），明帝的表叔樊鯈上言：

郡國舉孝廉，率取年少能報恩者，耆宿大賢多見廢棄，宜勑郡國簡用良俊。（註四一）

明帝雖詔令若舉非其人，便處罰其主。實際上對於犯者，並「無貶坐」，以至刺史、太守陽奉陰違，假公濟私，作威作福。後來章帝剛即位，侍御史中丞馬嚴便指出了這種情形，並建議應加强防檢，凡州郡所舉，如有不實，卽繩之以法（註四二）。章帝採納了他的建議。建初元年（七六）正月詔令「有司明愼選舉，進柔良，退貪猾。」（註四三）三月，詔舉賢良方正、能直言極諫之士時說：

> 朕既不明，涉道日寡；又選乖實，俗吏傷人，官職秏亂，刑罰不中，可不憂與！……夫鄉舉里選，必累功勞。今刺史，守相不明眞僞，茂才、孝廉歲以百數，既非能顯，而當授之政事，甚無謂也。每尋前世舉人貢士，或起甽畝，不繫閥閱。敷奏以言，則文章可採；明試以功，則政有異迹。文質彬彬，朕甚嘉之。（註四四）

由此可見當時刺史、守相們的濫選，並已用閥閱資地爲舉人的標準了。

建初五年（八〇），詔公卿已下，舉直言極諫之士，「其以巖穴爲先，勿取浮華。」（註四五）八年（八三），又重申光武時四科取士的內容與辦法（註四六）。明帝察察，任用官吏十分謹愼（註四七），對選舉不實尤不能絕其流弊。有長者之譽的章帝對這個問題也只好說說罷了。

後漢書卷二十六韋彪傳說（以下凡引後漢書者但標子目）：

> 是時陳事者，多言郡國貢舉率非功次，……彪上議曰：「伏惟明詔，憂勞百姓，垂恩選舉，務得其人。夫國以簡賢爲務，賢以孝行爲首。……士宜以才行爲先，不可純以閥閱。然其要歸，在於選二千石。二千石賢，則貢舉皆得其人矣。

傳中沒載明他上議的年月，據通鑑爲元和元年（八四）六月的事。可知舉士應以閥閱爲標準，竟成爲當時的一般輿論了。他認爲問題的關鍵，在於二千石人選的好壞。這話固然不錯，但豪族的勢力如不能澈底抑制，選擧不實便永遠無法改善的。

×××　　×××　　×××

四年後，章帝去世，和帝繼位，年纔十歲，竇太后臨朝稱朕，其兄竇憲總攬大權。唯憲不修禮德，專作威福，「睚眦之怨莫不報復」（註四八），蓄養許多悍士刺客，迫害不肯阿附的忠直之士（註四九），又樹其親黨賓客於名都大郡，皆賦斂吏人，更相賂遺，其餘州郡，亦復望風從之（註五〇）。東漢的政治至此已進入黑暗時期，選擧也顯著的腐化起來。如樂恢爲本郡功曹，「選擧不阿，請託無所容」（註五一），後官至尚書僕射，劾奏竇氏徒黨，辭官歸里，「憲因是風厲州郡迫脅，恢遂飲藥死。」（註五二）總之，竇憲的驕縱跋扈，署吏亂法虐民的情況，司徒丁鴻于永元四年（九四）有極沉痛的敍述（註五三）。同年六月，和帝與宦官鄭衆密謀，誅竇憲。五年三月才下詔說：

選擧良才，爲政之本。科別行能，必由鄉曲。而郡國擧吏，不加簡擇，故先帝明勑在所，令試之以職，乃得充選。又德行尤異，不須經職者，別署狀上。而宣布以來，出入九年，二千石曾不承奉，恣心從好，司隸、刺史訖無糾察。今新蒙赦令，且復申勑，後有犯者，顯明其罰。在位不以選擧爲憂，督察不以發覺爲負，非獨州郡也。是以庶官多非其人。下民被姦邪之傷，由法不行故也（註五四）。

從這詔書看來，不但章帝時也沒能改善，而且官僚政治至此已經腐化了。在這大奸新除，吏治敗壞的情況下，和帝能夠改進的，只是按各郡人口的比例，規定察擧孝廉的人數罷了。丁鴻傳說：

時大郡口五六十萬舉孝廉二人，小郡口二十萬幷有蠻夷者亦舉二人，帝以爲不均，下公卿會議。鴻與司空劉方上言：「凡口率之科，宜有階品，蠻夷錯雜，不得爲數。自今郡國率二十萬口歲舉孝廉一人，四十萬二人，六十萬三人，八十萬四人，百萬五人，百二十萬六人。不滿二十萬二歲一人，不滿十萬三歲一人。」帝從之（註五五）。

但是這種辦法，對於人口稀少的邊郡來說，便不公平。所以，在十三年（一〇一）詔令放寬限制：

幽、幷、涼州戶口率少，邊役衆劇，束脩良吏，進仕路狹。撫接夷狄，以人爲本。其令緣邊郡口十萬以上歲舉孝廉一人，不滿十萬二歲舉一人，五萬以下三歲舉一人。」（註五六）

這種辦法用意雖善，但並不能阻止殘吏上下其手，破壞選舉。所以，殤帝于延平元年（一〇六）七月，勑司隸校尉、部刺史曰：

郡國……競增戶口，……署用非次，選舉乖宜，貪苛慘毒，延及平民。刺史垂頭塞耳，阿私下比。假貸之恩，不可數恃，自今以後，將糾其罰。（註五七）

×××　　　×××　　　×××

安帝親政後，帝舅耿寶及皇后兄弟閻顯等並用威權（註五八）。「祿去公室，政移私門。」（註五九）一向堅持政以得賢爲本，理以去穢爲務」，（註六〇）的太尉楊震，一再拒絕他們薦舉的私人，而招致怨恨。

延光二年（一二三），（震）代劉愷爲太尉。帝舅大鴻臚耿寶薦中常侍李閏兄於震，震不從。寶乃自往候震曰：「李常侍國家所重，欲令公辟其兄，寶唯傳上意耳。」震曰：「如朝廷欲令三府辟召，故宜有尙書勑。」遂拒不許，寶大恨而去。皇后兄執金吾閻顯亦薦所親厚於震，震又不從。司空劉授聞之，卽辟此二人，旬日中皆見拔擢。由是震益見怨（註六一）。此時，宦官已漸用事，中常侍樊豐等爲擴張勢力，也引用了一些貪汙與失意的官吏。楊震上疏說：

……（侍中）周廣、謝惲兄弟，與國無肺腑枝葉之屬，依倚近倖姦佞之人，與樊豐、王永等分威共權，屬託州郡，傾動大臣。宰司辟召，承望旨意，招來海內貪汙之人，受其貨賂，至有臧錮棄世之徒復得顯用。白黑溷淆，淸濁同源，天下讙譁，……（註六二）。

「震前後所上，轉有切至，帝旣不平之」，（註六三）於是中常侍樊豐與大將軍耿寶、侍中周廣、謝惲等共同譏陷他，震遂自殺（註六四），成爲黑暗政治下的犧牲者。仲長統哀嘆道：

光武皇帝慍數世之失權，忿彊臣之竊命，矯枉過直，政不任下，雖置三公，事歸臺閣，自此以來，三公之職，備員而已。然政有不理，猶加譴責，而權移外戚之家，寵被近習之豎，親其黨類，用其私人，內充京師，外布列郡，顚倒賢愚，貿易選擧，疲駑守境，貪殘牧民，撓擾百姓，忿怒四夷，招致乖叛，亂離斯瘼，怨氣並作，……此皆戚宦之臣所致然也。……至于近世，外戚、宦豎，請託不行，意氣不滿，立能陷人于不測之禍，惡可得彈正之哉（註六五）。

×××　　×××　　×××

順帝時，政治已很腐敗，選擧不實的情況也更嚴重起來。官非其人，侵害人民，直接破壞了社會的安寧。在此摘錄當時幾位正直士大夫的陳述，以見一般。

永建二年（一二六），時中常侍張防特用權勢，每請託受取，司隸校尉虞詡輒案之，而屢寢不報。詡不勝其憤，乃自繫廷尉，奏言曰：

昔孝安皇帝任用樊豐，遂交亂嫡統，幾亡社稷。今者張防復弄威柄，，國家之禍將重至矣。臣不忍與防同朝，謹自繫以聞，無令臣襲楊震之跡。」書奏，防流涕訴帝，詡坐論輸左校。防必欲害之，二日之中，傳考四獄。獄吏勸詡自引，詡曰：「寧伏歐刀以示遠近。」（註六六）

在這小人道長的情況下，公卿以下的官吏，類多拱默，以樹恩爲賢，盡節爲愚，互相勸戒說：「白璧不可爲，容容多後福。」（註六七）尚書令左雄奮而痛陳時弊說：

漢初至今，三百餘載，俗浸彫敝，巧僞滋萌，下飾其詐，上肆其殘。典城百里，轉動無常，各懷一切，莫慮長久。謂殺害不辜爲威風，聚斂辨爲賢能，以理已安民爲劣弱，以奉法循理爲不化。髡鉗之戮，生於睚眥；覆尸之禍，成於喜怒。視民如寇讎，稅之如豺虎。監司項背相望，與同疾疢，見非不舉，聞惡不察，觀政於亭傳，責成於朞月，言善不稱德，論功不據實，虛誕者獲譽，拘檢者離毀。或因罪而引高，或色斯以求名。州宰不覆，競共辟召，踊躍升騰，超等踰匹。或考奏捕案，而亡不受罪，會赦行賂，復見洗滌。朱紫同色，清濁不分。故使姦猾枉濫，輕忽去就，拜除如流，缺動百數。鄉官部吏，職斯祿薄，車馬衣服，一出於民，廉者取足，貪者充家，特選橫調，紛紛不絕，送迎煩費，損政傷民。和氣未洽，災眚不消，咎皆在此。……鄉部親民之吏，皆用儒生清白任從政者，寬其負筭，增其秩祿，吏職滿歲，宰府州郡乃得辟舉。如此，威福之路塞，虛僞之端絕，送迎之役損，賦斂之源息。循理之吏，得成其化；率土之民，各寧其所。（註六八）

順帝很感動，乃令有司「考其眞僞，詳所施行。」「而宦官擅權，終不能用。」從此以後，「選代交互，令長月易，迎新送舊，勞擾無已，或官寺空曠，無人案事，每選部劇，乃至逃亡。」（註六九）直到陽嘉元年（一三二），順帝也覺得事態嚴重了。他認爲「間者以來」，災咎頻仍，盜賊紛起，完全是選擧不實，官非其人造成的。並令今後刺史、二千石的選擧，委任三司，負責辦理。（註七〇）這時，左雄鑒於上述的流弊，與明帝以來，所擧孝廉，率多年少，而且試用的辦法，並無多大效果，於是提出限年試才，試以牋奏的方案說：

郡國孝廉，古之貢士，出則宰民，宣協風教。若其面牆，則無所施用。孔子曰「四十不惑」，禮稱「强仕」。請自今孝廉年不滿四十，不得察擧，皆先詣公府，諸生試家法，文吏課牋奏，副之端門，練其虛實，以觀異能，以美風俗。有不承科令者，正其罪法。若有茂才異行，自可不拘年齒。」（註七一）

順帝採納了他的建議，乃「班下郡國」，並令大臣參議此事。尙書僕射胡廣與尙書史敞、郭虞均表示異議，上疏說：

蓋選擧因才，無拘定制。六奇之策，不出經學；鄭（子產相鄭）、阿（晏子化東阿）之政，非必章奏。甘、奇顯用，年乖彊仕；終（終軍年十八，往說（南）越。（南）越聽命）、賈（賈誼年十八，文帝召爲博士。）揚聲，亦在弱冠。（註七二）

胡廣等不但引經據典的加以反對，還說了些不太好聽的話。說皇帝爲什麽不愼重些。順帝看了自然不會高興的。

順帝下詔（陽嘉元年冬十月）的次年，因爲詔書末尾注有例外，於是廣陵孝廉徐淑，還不到四十歲，想來冒充，負責選擧的尙書郎覺得可疑，就詰問他。徐淑回答說：「詔書曰：『有如顏回、子奇，不拘年齒』，所以本郡命我來充選。」尙書郎說不過他，尙書令左雄便詰問他：「昔顏回聞一知十，孝廉聞一知幾邪？」徐淑無言答對，左雄責斥了他一頓，叫他回去了。於是濟陰太守胡廣等十餘人都「坐謬擧免黜」，從前是「茂才孝廉，歲以百數」，現在只有汝南陳蕃，潁川李膺，下邳陳球等三十餘人得拜郎中（註七三）。雖然袁宏認爲這種辦法未免太偏（註七四），但也收到了相當的效果。所謂「自是牧守畏慄，莫敢輕擧。迄于永（嘉）（憙）（冲帝年號，一四五），察選淸平，多得其人。」（註七五）所以范曄論曰：

> 自左雄任事，限年試才，雖頗有不密，固亦因識時宜。而黃瓊、胡廣、張衡、崔瑗之徒，泥滯舊方，互相詭駮，循名者屈其短，筭實者挺其效。故雄在尙書，天下不敢妄選，十餘年間，稱爲得人，斯亦效實之徵乎？（註七六）

雖然如此，但左雄奮力改善的效驗總是有限的。他雖暫時阻止住牧守不敢妄選，總阻止不住權門的破壞，和富豪當權者的銀彈攻勢。例如順帝爲宦官孫程等十九人擁立，十九人都封爲侯，宦官勢力因而大盛。他們在殤帝時既已兼做朝官（註七七），至此，皇帝又委縱他們得傳爵給養子，（註七八）並得擧人爲官，因使「無功小人，皆有官爵。」（註七九）於是在權貴和富豪的操縱下，使得河南尹田歆在六個孝廉中，想有一個不受貴戚請託，已算難得了。

> 种暠字景伯，河南洛陽人，……始爲縣門下史。時河南尹田歆外甥王諶，名知人。歆謂之曰：「今當擧六孝廉，多得貴戚書命，不宜相違，欲自用一名士以報國家，爾助我求之。」明

日，謀送客於大陽郭，遙見暠，異之。還白歆曰：「爲尹得孝廉矣，近洛陽門下史也。」歆……遂擧孝廉，辟太尉府，擧高第（註八〇）。

所以，李固在陽嘉二年（一三三）對策中說：

古之進者，有德有命；今之進者，唯財與力。

又詔書所以禁侍中尙書中臣子弟不得爲吏察孝廉者，以其秉威權，容請託故也。而中常侍在日月之側，聲勢振天下，子弟祿仕，曾無限極。雖外託謙默，不干州郡，而諂僞之徒，望風進擧。今可爲設常禁，同之中臣。（註八一）

但請託與做僞已經形成風氣，決不是一兩個人的力量所能糾正過來的。如本初元年（一四六），梁太后詔曰：

孝廉、廉吏皆當典城牧民，禁姦擧善，興化之本，恒必由之。詔書連下，分明懇惻，而在所翫習，遂至怠慢，選擧乖錯，害及元元，頃雖頗繩正，猶未懲改。……其令秩滿百石，十歲以上，有殊才異行，乃得參選。臧吏子孫，不得察擧。杜絕邪僞請託之原，令廉白守道者得信其操。各明守所司，將觀厥後。（註八二）

×××　　×××　　×××

從順帝永和六年（一四一）到桓帝延憙二年（一五九），爲大將軍梁冀專政時期。冀殘暴縱恣，其瘋狂貪汚爲漢代外戚第一人。他毒死「少而聰慧」的質帝，枉誅太尉李固、杜喬等人。在這「直如弦，死道邊；曲如鈎，反封侯。」（註八三）的黑暗時代，選擧制度當然也遭受到梁冀及其黨徒的嚴重破壞。

建和元年（一四七）…………增大將軍府舉高第茂才，官屬倍於三公。冀……冒名而爲侍中、卿、校尉、郡守、長吏者十餘人，皆貪叨凶淫，……吏人齎貨求官請罪者，道路相望。

百官遷召，皆先到冀門牋檄謝恩，然後敢詣尙書。下邳人吳樹爲宛令，之官辭冀，冀賓客布在縣界，以情託樹。樹對曰：「小人姦蠹，比屋可誅。明將軍以椒房之重，處上將之位，宜崇賢善，以補朝闕，宛爲大都，士之淵藪，自侍坐以來，未聞稱一長者，而多託非人，誠非敢聞！」……冀爲設酒，因鴆之，樹出，死車上（註八四）。

在這時期中，開於選舉孝廉的改善，只是尙書令黃瓊奏請增加孝悌與能從政者同儒學文吏合爲四科而已（註八五）。

桓帝於延憙二年，誅大將軍梁冀，中常侍單超等五人皆以誅冀功並封列侯，專權選舉（註八六）。「自是權歸宦官，朝廷日亂。」一他們的父兄子弟布在州郡，競爲虎狼，噬食小民（註八七），白馬令李雲露布上書曰：

今官位錯亂，小人諂進，財貨公行，政化日損，尺一拜用不經御省（註八八）。

桓帝得奏後大怒，雲被捕下獄。大鴻臚陳蕃上疏救雲，被免職歸田里。後來雲等都死在獄中。在這小人道長，君子道消的情況下，太尉黃瓊自度力不能匡，乃稱疾不起。七年（一六四），疾篤，上疏諫曰：

陛下卽位以來，未有勝政。諸梁秉權，豎宦充朝，重封累職，傾動朝廷，卿校牧守之選，皆出其門，……言之者必族，附之者必榮。忠臣懼死而杜口，萬夫怖禍而木舌，……陛下不加清澂，審別眞僞，……使朱紫共色，粉墨雜蹂，所謂抵金玉於沙礫，碎珪璧於泥塗。……夫讒諛所擧，無高而不可升；（阿黨）相抑，無深而不可淪。可不察歟？書奏，不納（註八九）。

在這「賢愚渾殽，是非顚倒」，（註九〇）的黑暗時代，富豪可以賄賂宦官，買得官做。如黨錮傳說：

宛有富賈張汎者，桓帝美人之外親，善巧雕鏤玩好之物，頗以賂遺中官，以此並得顯位，恃其伎巧，用勢縱橫。

陳伯敬是當時一位標準的好人，因無黨援，到老也只不過擧孝廉（註九一）。事母至孝的士人度尙，有文武才略，因家境貧寒，也不爲鄉里所推擧（註九二）。所以，朱穆作崇厚論說：「夫以韓、翟之操，爲漢之名宰，然猶不能振一貧賢，薦一孤士，又況其下者乎！」（註九三）又黃琬傳說：「時權富子弟多以人事得擧，而貧約守志者以窮退見遺（註九四）。於是光祿勳陳蕃與五官中郎將黃琬同心協力，顯用志士，「遂爲權富郞所見中傷」，蕃被免官，琬遭禁錮（註九五）。

又陳寔傳說：

陳寔……尋轉功曹。時中常侍侯覽託太守高倫用吏，倫敎署爲文學掾。寔知非其人，懷檄請見。言曰，「此人不宜用，而侯常侍不可違。寔乞從外署，不足以塵明德。」倫從之。於是鄉論怪其非擧，寔終無所言。倫後被徵爲尙書，郡中士大夫送至輪氏傳舍。倫謂衆人言曰：「吾前為侯常侍用吏，陳君密持教還，而於外白署。比聞議者以此少之，此咎由故人畏憚强禦，陳君可謂善則稱君，過則稱己者也。」（註九六）

由上面所述河南尹田歆想從六個孝廉中，有一個不受請託的事，和這個例子看來，可知地方豪族不但請託地方，而且也與外戚、宦官結納。這樣選舉出來的人，也就不問可知了。所以王符評論當時選舉腐化的情形說：

羣僚舉士者，或以頑魯應茂才，以桀逆應至孝，以貪饕應廉吏，以狡猾應方正，以諛諂應直言，以輕薄應敦厚，以空虛應有道，以嚚闇應明經，以殘酷應寬博，以怯弱應武猛，以愚頑應治劇。名實不相副，求貢不相稱。富者乘其材力，貴者阻其勢要。以錢多為賢，以剛强為上。凡在位所以多非其人，而官聽所以數亂荒也（註九七）。

××× ××× ×××

漢代君主的昏暴淫亂，到桓、靈時已達極點（註九八），東漢的國運也到了盡頭。范曄慨然說：

自桓、靈之間，君道秕僻，朝綱日陵，國隙屢啓，自中智以下，靡不審其崩離（註九九）。

在這「保養姦回，過於骨肉，殄滅忠良，甚於寇讎。」（註一〇〇）十分黑暗的政治下，東漢的選舉也腐化到極點。

靈帝初卽位，中常侍侯覽、曹節與王甫等並亂天下，附從者升進，忤逆者中傷（註一〇一）。如史弼傳說：

史弼……遷河東太守，被一切詔書當舉孝廉。弼知多權貴請託，乃豫勑斷絕書屬。中常侍侯覽果遣諸生齎書請之，並求假鹽稅，積日不得通。生乃說以它事謁弼，而因達覽書。弼大怒曰：「太守忝荷重任，當選士報國，爾何人而僞詐無狀！」命左右引出，楚捶數百，府丞、掾史十餘人皆諫於廷，弼不對。遂付安邑獄，卽日考殺之。侯覽大怨，遂詐作飛章下司隸，誣弼誹謗，檻車徵（註一〇二）。

建寧元年（一六八），王甫等矯詔殺大將軍竇武、太傅陳蕃。次年，靈帝大興黨獄，朝士李膺、杜密與范滂等百餘人被殺，流徙禁錮的六七百人，被捕的太學生一千餘人。「黨人門生故吏父子兄弟，其在位者，免官禁錮，爰及五屬。」這是第二次黨錮之禍。從此以後，朝廷善類一空，形成宦官專政的局面。這種情勢一直維持到中平六年（一八九），靈帝被他們欺矇了二十餘年，在這期間，全國的官職幾乎完全被宦官集團霸佔了。於是利祿薰心想做官的人，皆望風迎附。如處士樊英之孫樊陵，以諂事他們得爲司徒（註一〇三）。富人孟佗，用很多財物交結宦官張讓的管家奴，使讓滿意，得做涼州刺史。宦者列傳說：

> 靈帝時，張讓、趙忠並遷中常侍，封列侯，與曹節、王甫等相爲表裏。……讓有監奴典任家事，交通貨賂，威形諠赫。扶風人孟佗，資產饒贍，與奴朋結，傾竭饋問，無所遺愛。奴咸德之，問佗曰：「君何所欲？力能辦也。」曰：「吾望汝曹爲我一拜耳。」時賓客求謁讓者，車恆數百千兩，佗時詣讓，後至，不得進，監奴乃率諸倉頭拜於路，遂共轝車入門。賓客咸驚，謂佗善於讓，皆爭以珍玩賂之。佗分以遺讓，讓大喜，遂以佗爲涼州刺史（註一〇四）。

靈帝很喜歡文學藝術，引召能爲辭賦、小說、繪畫與書法者，共數十人。侍中祭酒樂松、賈護，引進了些無行趨勢之徒，「並待制鴻都門下，熹陳方俗閭里小事，帝甚悅之」（註一〇九）。議郎蔡邕諫曰：「孝武之世，郡舉孝廉，又有賢良文學之選，於是名臣輩出，文武並興。漢之得人，數路而已。夫書畫辭賦，才之小者，匡國理政，未有其能。」（註一〇六）靈帝沒採納他這項建議，光和元年（一七八）二月，「遂置鴻都門學。其諸生皆勑州郡三公舉用辟召，或出為刺史、太守，入為尚書、侍中，乃有封侯賜爵者，士君子皆恥與為列焉。」（註一〇七）這件事也是出於宦官欲壟斷仕途的意思。後來，蔡邕回答詔問說：

宰府孝廉，士之高選。近者以辟召不慎，切責三公，而今並以小文超取選舉，開請託之門，違明王之典，衆心不厭，莫之敢言。臣願陛下忍而絕之，……聖朝既自約厲，左右近臣亦宜從化（註一〇八）。

同年十一月，靈帝和宦官進而滿足私囊，遂開西邸賣官。其情形主要有下列三種：

㈠地方官的價格往往比朝官貴一倍，公的定價為一千萬錢，卿五百萬，二千石二千萬，四百石四百萬。大概因為地方官較能剝削百姓的緣故，所以價格貴。又隨縣的好壞，價格也不相等。（註一〇九）

㈡除原定價外，其價格依買官人的財產和身分而有增減。如恒帝時宦官曹騰的養子，也就是曹操的父親曹嵩，因家庭很富，用一億萬錢，買得太尉。崔寔的從兄崔烈因傅母（阿保）關係，僅花了五百萬錢，便買得司徒。

㈢富的先繳錢，窮的到官後加倍繳納（註一一〇）。

不但如此，後來又創立了修宮錢與東園禮錢等名目，凡被任命的官吏須先輸錢後就職，清貧無錢繳納的，只有辭職不就（註一一二）。此後，又規定凡一經任命的官吏，必須到任，因貧不能上任的便被迫遣。如宦者列傳說：

刺史、二千石及茂才孝廉遷除，皆責助軍修宮錢，大郡至二三千萬，餘各有差。當之官者，皆先至西園諧價，然後得去。有錢不畢者，或至自殺，其守清者，乞不之官，皆迫遣之。

當時從上到下的官吏，既然用大批的金錢買得官做，他們上任後，自然極力剝削百姓，以補償買官的費用，並取得加倍的利潤。這樣一來，無論辟召和選舉，只能「釋賢取愚」（註一一二），完全以錢為標準了。抱朴子說：

靈獻之世，閹官用事，羣姦秉權，危害忠良，臺閣失選用於上，州郡輕貢舉於下。夫選用失於上，則牧守非其人矣；貢舉輕於下，則秀孝不得賢矣。故時人語曰：「舉秀才，不知書；察孝廉，父別居。寒素清白濁如泥；高第良將懦如鷄。」……于時懸爵而賣之，猶列肆也。爭津者買之，猶市人也。有直者無分而徑進，空拳者望途而收迹。其貨多者其官貴，其財少者其職卑。故東園積賣官之錢，崔烈有銅臭之嗤。上為下傚，君行臣甚，……清貧之士何理有望哉（註一一三）。

總之，在這樣的皇帝和官吏之下，東漢的政治已腐敗到了極點，選舉也腐化到了極點，帝國終於在「積多士之憤，蓄四海之怒」，（註一一四）的情形下崩潰了。故王夫之評論賣官的事說：

亂政不一，至於賣官而未有不亡者也。……秦、漢以下，卿士大夫車服禮秩絕於天子矣，而猶不使之絕也。舉之以行，進之以言，敍之以功，時復有束帛安車之徵，訪之以道。上下有其大辨，君子小人有其大閑，以為居此位者，非其人而不可覬，抑且使天下徼幸之徒望崖而返。卿大夫士且有巍然不可扳躋之等，臨其上以爲天子者，其峻如天而莫之敢陵。賣官之令行，則富者探囊而得，狡者稱貸以營，且市井而夕廟堂。然則天子者，亦何不可以意計營求於天而倖獲之也？而立國之紀，埽地而無餘。

………失之於天子，而得之於民，賈道行而希三倍之利，上弗能禁焉。且貪人之取償於倍利者，禁之殺之而終不厭。縱千百賈於郡邑，以取償於貧弱，民之生理不盡者，亡有也。國無紀，民無生，………國未有不亡者也。（註一一五）

五、結　論

就漢代選舉制的原始用意而論，絕不是一種壞制度，只因歲月久了，環境變了，這個制度也變壞了。這不但是漢代選舉制度如此，古今中外一切的制度，大概都會如此的。

我們在前面已經說過，東漢是光武獲得其他豪族的支持而建立的政權。所以，他卽位後，對豪族不得不採取妥協政策。例如，當時的內外羣臣，不但「多帝自選舉」（註一一六），而且專用他的同鄉南陽人（註一一七）。因此，他對當時「權門請託」與選舉不實的流弊，也像他處理土地問題一樣，只懲處了幾位官吏，如王丹（註一一八）和戴涉等（註一一九），對豪門權貴的把持選舉則不積極加以干涉。明帝卽位後，雖誅罰了不法的梁、竇之家，使得「洛中無復權戚，書記請託一皆斷絕。」（註一二〇）但其效驗只是局部的，暫時性的，無法從根本上解決問題。到章帝時，選舉便腐化起來。如他任命外戚馬防爲車騎將軍，出征西羌，而防竟引用不法的妻兄杜篤爲從事中郎。司空第五倫上疏諫止，但帝「不見省用」（註一二一）。尤其自和帝起，繼位的君主，大都幼弱昏闇（註一二二），母后臨朝，外戚、宦官從此得勢，地方豪族富力大增，官僚集團也自形成一種勢力。東漢的選擧制在他們的把持與要挾下，日益腐化起來。其情形在前面已討論過了。

綜上所述，可知東漢選擧制的得失約有下列幾點：

㈠地方每年選擧的孝廉，歲以百數，雖然濫進者不少，但德行與實學兼優者也很多。尤其在左雄任尚書期間，最稱得人（註一二三）。後來，陳蕃、李膺等士人同心協心，反抗邪惡，消除腐敗，雖然前仆後繼，犧牲很大，但帝國「所以傾而未顚，決而未潰，」完全是他們的血肉換來的。（註一二四）

㈡東漢擧孝廉，特別偏重美德高行，因而造成社會上一種取巧作僞與虛聲競進的壞風氣。如循吏傳說：

> 許荆……祖父武，太守第五倫擧爲孝廉。武以二弟晏、普未顯，欲令成名，乃請之曰：「禮有分異之義，家有別居之道。」於是共割財產以爲三分，武自取肥田廣宅奴婢强者，二弟所得並悉劣少。鄉人皆稱弟克讓而鄙武貪婪，晏等以此並得選擧。武乃會宗親，泣曰：「吾爲兄不肖，盜聲竊位，二弟年長，未豫榮祿，所以求得分財，自取大譏。今理產所增，三倍於前，悉以推二弟，一無所留。」於是郡中翕然，遠近稱之。位至長樂少府。

又郭（太）符（融）許（劭）傳說：

> 黃允字子艾，……以儁才知名……後司徒袁隗欲爲從女求姻，見允而歎曰：「得壻如是足

矣。」允聞而黜遣其妻夏侯氏。婦謂姑曰：「今當見弃，方與黃氏長辭，乞一會親屬，以展離訣之情。」於是大集賓客三百餘人，婦中坐，攘袂數允隱匿穢惡十五事，言畢，登車而去。允以此廢於時。

時漢中晉文經、梁國黃子艾，並恃其才智，炫曜上京，臥託養疾，無所通接。洛中士大夫好事者，承其聲名，坐門問疾，猶不得見。三公所辟召者，輒以詢訪之，隨所臧否，以爲與奪。融察其非眞，乃到太學，并見李膺曰：「二子行業無聞，以豪桀自置，遂使公卿問疾，王臣坐門。融恐其小道破義，空譽違實，特宜察焉。」膺然之。二人自是名論漸衰，賓徒稍省，旬日之閒，慙歎逃去。後果爲輕薄子，並以罪廢弃。

又如趙宣葬親，就在墓道中居住行喪禮，凡二十餘年，鄉邑的人稱他是孝子，州郡官屢次請他做官，他都不出來，孝名自然越來越大。後來，太守陳蕃和他相見，問出他在墓中生了五個兒子，蕃大怒，按誑時惑衆欺鬼神的罪名處罰（註一二五）。所以徐幹說：「至於父盜子名，兄竊弟譽，骨肉相詒，朋友相詐，此大亂之道也。」（註一二六）

㈢漢代孝廉的選舉，除重視德行外，有兩種限制：第一必須是太學生出身，第二必須爲服務地方有經驗與成績的僚吏。後來，太學生人數日增，至桓帝時已達三萬餘人，學而優則仕是當時士人唯一的出路；又孝廉舉則任職，以利祿誘人，因爲名額有限，以致形成一種阿諛空虛之風。能吹善拍之徒得意仕途，正直誠實之人反遭遺棄。靈帝時儒者趙壹作刺世疾邪賦，以舒其憤，曰：

于茲迄今，情僞萬方，佞諂日熾，剛克消亡。舐痔結駟，正色徒行。嫗㛥名勢，撫拍豪強。

偃蹇反俗，立致咎殃。捷懾逐物，日富月昌，渾然同惑，孰溫孰涼。邪夫顯進，直士幽藏（註一二七）。

㈣因爲三公、五府與郡國守相都有辟召與選擧權，加以位置不夠，而形成阿黨比周，故舊報恩與營私舞弊的敗習。第五倫上疏章帝說：

今……人尙文巧，咸趨邪路，莫能守正。……然諸出入貴戚者，類多瑕釁禁錮之人，尤少守約安貧之節，士大夫無志之徒更相販賣，雲集其門（註一二八）。

又黃琬傳說：

舊制，光祿擧三署郎，以高功久次才德尤異者爲茂才四行。時權富子弟多以人事得擧，而貧約守志者以窮退見遺，京師爲之謠曰：「欲得不能，光祿茂才。」（註一二九）

又風俗通義過譽第四記載：

南陽五世公爲廣漢太守，與司徒長史段遼叔同歲，遼叔太子名舊，才操鹵鈍，小子髡，既見齒鄉黨，到見股肱曰：「太守與遼叔同歲，恩結締素，……幸來臨郡，今年且以此相饒，擧其子。如無罪得至後歲，貫魚之次，敬不有違。」主簿柳對曰：「……舊實不如髡，宜可授之。」世公於是厲聲曰：「丈夫相臨，兒女尙欲擧之，何謂高下之間耶，」竟擧舊也。世公轉換南陽，與東萊太守蔡伯起同歲，欲擧其子。伯起自乞子瓚尙弱，弟琰幸已成人。是歲擧琰，明年復擧瓚。瓚十四未可見衆，常稱病，到十八乃始出。治劇平春長，上書臣甫弱冠，未任宰御，乞留宿衞。尙書劾奏，增年受選，減年避劇，請免瓚官。詔書左遷武當左尉。會車騎將軍馮緄，南征武陵蠻夷緄與伯起同時，公府辟瓚爲軍曲侯，……官至下邳相（註一三〇）。

所以王符嘆息說：

> 今多務交游，以結黨助，偸世竊名，以取濟渡。……今多姦諛以取媚，撓法以便佞。苟得之徒，從而賢之，此滅貞良之行，而開亂危之原者也（註一三一）。
>
> 夫志道者少友，逐俗者多儔，是以擧世多黨而用私，競比質而行趨華，……甚可憤也（註一三二）。

又徐幹憤慨的說：

> 世之衰矣，上無明天子，上無賢諸侯；君不識是非，臣不辨黑白。取士不由於鄉黨，考行不本於閥閱；多助者爲賢才，寡助者爲不肖；序爵聽無證之論，班祿采方國之謠。民見其如此者，知富貴可以從衆爲也，知名譽可以虛譁獲也，乃離其父兄，去其邑里，不脩道藝，不治德行，講偶時之說，結比周之黨，汲汲皇皇，無日以處，更相歎揚，迭爲表裏，……竊選擧、盜榮寵者不可勝數也。……桓靈之世其甚者也。自公卿、大夫、州牧郡守，王事不恤，賓客爲務，冠蓋塡門，儒服塞道，饑不暇餐，倦不獲己，……送往迎來，亭傳常滿，吏卒傳問，炬火夜行，閽寺不閉，把臂捩腕，扣天矢誓，推託恩好，不較輕重。文書委於官曹，繫囚積於囹圄，而不遑省也。詳察其爲也，非欲憂國恤民，謀道德也，徒營已治私，求勢逐利而已。有策名於朝，而稱門生於富貴之家者，比屋有之。……至乎懷大夫之容，而襲婢妾之態，或奉貨而行賂以自固結，求志屬託，規圖仕進。然擲目指掌，高談大語，若此之類，言之猶可羞，而行之者不知恥。嗟乎！王敎

之敗乃至於斯乎（註一三三）。

靈帝熹平四年（一七五）春三月，爲消除「州郡相黨，人情比周」，（註一三四）的流弊起見，乃實行「三互法」（卽婚姻之家及兩州人不得交互爲官也。）（註一三五）但當時在「刺史、二千石貪如豺虎，暴殄烝民」，（註一三六）的情況下，朝廷尤守此法，除使得「禁忌轉密，選用艱難」，（註一三七）外，是不可能發生什麽作用的了。

㈤地方選舉權操在郡守手中，因爲沒有客觀的標準，一方面易受權門請託（註一三八），一方面是典選擧的官吏，也多爲自己將來打算，乘機謟事權貴，使得選舉不再是選賢擧能，而變成權貴與富豪的子弟獵官的工具了。

總之，由於權貴、富豪與官僚集團選舉的舞弊，使帝國的仕途完全被這個特殊階級（外戚、宦官、富豪與官僚集團）壟斷了。東漢衰亡，外戚、宦官同歸於盡，富豪與官僚集團的勢力仍在，並且與世學之家的勢力繼續發展，形成了魏晉南北朝的世族。從此，這些變相的貴族，把持着政治，支配着經濟，操縱着社會，各種矛盾和衝突更日益嚴重起來，形成我國歷史上一個最紛亂黑暗的時代。

注釋

註一　通典卷一序內註云：「大刑用甲兵十五卷，其次，用五刑八卷。」所以兵爲九個部門。臺北新興書局發行，頁典三。

註二　潛夫論卷二本政第九，四部備要本，中華書局印行，頁一七——一八，「以選爲本」前脫一字。

註三　後漢春卷——光武紀下，新校後漢書注本，頁五二，民國六十一年九月，臺北世界書局印行，以下同。

註四　北堂書鈔設官部引漢官儀，四部叢刊本。

註五　郡國察孝廉，州舉茂才，所以茂才的數目較孝廉的數目少，又茂才自州刺史以上方能察舉，所以也較孝廉的任用爲重。孝廉察舉以後，以在郡署任郎官爲原則。由郎選爲尚書郎，再由尚書郎選爲縣令。但茂才被選以後，一般任用的原則，卽爲縣令。就漢代的官制而言，縣令是千石官，三署郎不過二百石官罷了。因此，舉茂才的資地，也較舉孝廉爲嚴。漢代的官吏，一般被察舉的，都是先舉孝廉，後察茂才。茂才的資歷，大多爲故孝廉，三公將軍掾屬，故朝廷官吏，以及三署的久次郎官，只有少數是州郡掾屬，這和孝廉多數由州郡掾屬察舉，是顯然不同的。以上見勞貞一先生漢代察舉制度考，中研院史語所集刊第十六本，頁七八——一二九，三十六年出版。

註六　見楊聯陞著東漢的豪族，清華學報第十一卷第四期，頁一〇三一——三三，二十五年十月出版。

註七　同上註。

十曹職掌：戶曹，主民戶、祠祀、農桑。奏曹，主奏議事。辭曹，主辭訟事。法曹，主郵驛科程事。尉曹，主卒徒轉運事。賊曹，主盜賊事。決曹，主罪法事。兵曹，主兵事。金曹，主貨幣鹽鐵事。倉曹，主倉穀事。此見嚴耕望著中國地方行政制度史卷上秦漢地方行政制度上册第二章郡府組織引續志，中研院史語所專刊之四十五，頁一一〇——一一一。

註八　文獻通考卷三十九辟舉，新興書局發行，頁考三六七。所謂公府有二府，三府，四府，五府。二府是太尉府，司徒府，加司空府爲三府，再加大將軍府，爲四府，加太傅府爲五府。見同註六，此據東漢會要卷十九職官一，世界書局印行，頁一九四。

註　九　同上註。

註一〇　北堂書鈔六十八引，另見全後漢文卷四十六崔寔，淸嚴可均編，五十二年五月，臺北世界書局印行。

註一一　後漢書卷八十二上方術傳，頁二七二三。

註一二　文獻通考卷三十四選擧七引漢儀注，頁考三二三。

註一三　後漢書卷五安帝紀，頁二三二。

註一四　同註六。

註一五　見後漢書卷三十七桓榮傳，卷十九耿弇傳，卷二十四馬援傳，卷四十一宋均傳，卷六十一黃瓊傳，卷四十五袁安傳。另見通考卷三十四任子。

註一六　漢書卷十七景武昭宣元成功臣表云：「山陽侯張當居，元朔五年，坐爲太常擇博士弟子故不以實，完爲城旦。」新校漢書集注本。頁六三九，六十一年九月，臺北世界書局印行。

註一七　漢書卷七十二貢禹傳，頁三〇七七。

註一八　同上註，頁三〇七八。

註一九　同上註。

註二〇　同註六。另見蒙思明六朝世族形成的經過，文史雜誌第一卷第九期，三十年八月出版。余英時著東漢政權之建立與士族大姓之關係，新亞學報第一卷第二期，一九五六年二月出版。

註二一　後漢書卷一光武紀上，頁二一，耿純進曰：「天下士大夫捐親戚，弃土壤，從大王於矢石之間者，其計固望其攀龍鱗，附鳳翼，以成其所志耳，……。」

註二二　潛夫論卷一論榮第四

仲長統昌言也說：「天下士有三俗：選士而論族姓閥閱一俗，………。」意林卷五，四部備要本，臺灣中華書局印行。另見全後漢文卷八十九仲長統。

註 二三　參看六朝世族形成的經過，頁四——七。

註 二四　參看同註六，頁一〇二〇——二一。

註 二五　後漢書卷四和帝紀，頁一六七。

註 二六　鹽鐵是民生的必須品，所以從戰國以來到漢武帝時代，凡經營這種行業的都發了大財。如史記卷一二九貨殖傳云：「猗頓用盬鹽起，而邯鄲郭縱以鐵冶成業，與王者埒富。」又漢書卷二十四食貨志下云：「冶鑄鬻鹽，財或累萬金」，但這種行業，只有富豪才能大規模的經營。因此，自政府讓出這項大利後，他們的富力就自然大增了。

註 二七　後漢書卷四十九仲長統傳，頁一六四八。另見全後漢文卷八十八仲長統理亂篇。

註 二八　後漢書卷二六趙熹云：「趙熹………後拜懷令。大姓李子春先為琅琊相，豪猾并兼，為人所患。熹下車，聞其二孫殺人事未發覺。即窮詰其姦，收考子春，二孫自殺。京師為請者數十，終不聽。時趙王良疾病將終，車駕親臨王，問所欲言。王曰：素與李子春厚，今犯罪，懷令趙熹欲殺之，願乞其命。」帝曰：「吏奉法，律不可枉也，更道它所欲。」王無復言。既薨，帝追感趙王，乃貰出子春。

註 二九　後漢書卷八十二下方術傳云：「公沙穆………有富人王仲，致產千金。謂穆曰：『方今之世，以貨自通，吾奉百萬與子為資，何如？』對曰：『來意厚矣。夫富貴在天，得之有命，以貨求位，吾不忍也。』後舉孝廉，以高第為主事，遷繒相。」

註 三〇　後漢書卷二十八李固傳，頁二〇七四。

註三一　參看六朝世族形成的經過，頁九一——一〇；另見東漢的豪族，頁一〇三四——一〇三七。

註三二　參看錢穆著中國歷代政治得失第一講，五十七年，香港龍門書店出版，頁三〇——三一。

註三三　後漢書卷四十九王符傳，頁一六三〇。

註三四　潛夫論卷二考績第七。

註三五　抱朴子外篇卷四十九知止，四部叢刊本。

註三六　同註三二，頁二九；另參看胡秋原著古代中國文化與中國知識份子，四十五年六月，亞洲出版社出版，頁二九三四六——四七。

註三七　資治通鑑卷六十八漢紀六十獻帝建安二十四年，五十九年十二月，臺北世界書局印行，頁二一七三。

註三八　抱朴子外篇卷十五審擧。

註三九　光武帝所說的「丞相故事」除指的武帝至宣帝時代以外，最可能的是西漢哀帝時代丞相府最後的故事。其次，和四科有關的各類以及孝廉的演變，均見勞貞一著漢代察擧制度考。

註四〇　後漢書卷二明帝紀，頁九八。

註四一　後漢書卷三十二樊鯈傳，頁一一二二——一一二三。

註四二　後漢書卷二十四馬嚴傳云：「臣伏見方今刺史太守專州典郡，不務奉事盡心爲國，而司察偏阿，取與自己，同則擧爲尤異，異則中以刑法，不卽垂頭塞耳，採求財賂。今益州刺史朱酺、揚州刺史倪說、凉州刺史尹業等，……又選擧不實，曾無貶坐，是使臣下得作威福也。……宜勑正百司，各責以事，州郡所擧，必得其人。若不如言，裁以法令。」

註四三　後漢書卷三章帝紀，頁一三二——一三三。

註四四　同上註。

註四五　所謂浮華，即如徐幹所說：「講偶時之說，結比周之黨，更相嘆揚，迭爲表裏，旣獲者賢已而遂往，羨慕者並驅而追之。」見中論下譴交第十二，四部叢刊本。

註四六　後漢書卷四和帝紀永元五年（九三）三月詔注引漢官儀，頁一七六。

註四七　如後漢書卷二明帝紀云：「館陶公主爲子求郎，不許，而賜錢千萬。謂賜羣臣曰：『郎官上應列宿，出宰百里，有非其人，則民受其殃，是以難之。』」頁一二四。

註四八　後漢書卷二十三竇憲傳，頁八一三。例子見卷四十三樂恢傳，頁一四七八；卷四十七梁慬傳，頁一五九一；卷五十一李恂傳，頁一六八三；卷四十六陳寵傳，頁一五五三——五四。

註四九　後漢書五行志一，頁三二六八——六九；五行志三，頁三三〇八；同書卷四十五袁安傳，頁一五三六——三七。

註五〇　後漢書卷四十五袁安傳，頁一五一九——二〇。

註五一　後漢書卷四十三樂恢傳，頁一四七七。

註五二　同上註，頁一四七七——七九。

註五三　見後漢書卷三十七丁鴻傳，頁一二六五——六七。

註五四　同註四六。

註五五　同註五三，頁一二六八。

註五六　後漢書卷四和帝紀，頁一八九。

註五七　後漢書卷四殤帝紀，頁一九八。

註五八　後漢書卷四十八翟酺傳，頁一六〇二。

註五九　同上註，頁一六〇三。

註六〇　後漢書卷五十四楊震傳，頁一七六一。

註六一　同上註，頁一七六三。

註六二　同上註，頁一七六四。

註六三　同上註，頁一七六六。

註六四　後漢書卷十五來歷傳，頁五九〇。

註六五　仲長統傳法誡篇，頁一六五七；另見全後漢文卷八十八仲長統法誡篇。

註六六　後漢書卷五十八虞詡傳，頁一八七〇——七一。

註六七　後漢書卷六十一左雄傳，頁二〇一五。

註六八　同上註，頁二〇一七——一八。

註六九　同上註，頁二〇一九。

註七〇　後漢書卷六順帝紀，頁二六一。

註七一　同註六七，頁二〇二〇。

註七二　後漢書卷四十四胡廣傳，頁一五〇六。

註七三　同註六七，頁二〇二〇。

註七四　後漢紀卷十八袁宏曰：「夫謀事作制令，以經世訓物，使必可爲也。古者，四十而仕，非謂彈冠之會，必將是年也。以爲可事之時，在於强盛，故擧大限，以爲民表，且顏淵、子奇曠代一有，而欲以斯爲格，豈不偏乎。」華正書局印行，頁二九一。

註七五　同註七一；又集解惠棟曰：「張璠漢記云：『時稱左伯豪爲尙書，天下皆愼選舉。』」

註七六　後漢書卷六十一左周黃傳論，頁二〇四二。

王夫之論曰：「左雄限年四十乃舉孝廉，論者譏其已隘，就孝廉而言之，非隘也。孝廉者，嘗爲郡國之吏，以資滿無過而舉，亦中材之表見者爾；至于四十矣，所事非一，守相旣無偏好之私，而練習民俗，淹通經律，兢兢焉寡過以无隕其名，超郡職而登王廷，豈患其晚哉！非然者，始試于掾曹，旋登于王國，倖途百啓，獵進无厭，官常毀而狂狡者撓風化之原，是惡可不爲之制乎！………孝廉之舉，至于順帝之世而已極乎陋矣；士之欲致貴顯者，知有郡縣而不知有朝廷也，知有請託扳附而不知有學術事功也，……。」

讀通鑑論卷八順帝，六十五年三月，河洛圖書出版社，頁二三二。

註七七　後漢書卷七十八宦者傳，頁二五〇九。

註七八　同上註，頁二五一〇。

註七九　後漢書卷五十六張綱傳，頁一八一七。

註八〇　後漢書卷五十六种暠傳，頁一八二六。

註八一　後漢書卷六十三李固傳，頁二〇七四——七六。

註八二　後漢書卷七桓帝紀，頁二八八。

註八三　桓帝紀注引續漢志，頁二九一。

註八四　後漢書卷三十四梁冀傳，頁一一七九—八三。

註八五　後漢書卷六十一黃瓊傳，頁二〇三五。

註八六　後漢書卷五十七李雲傳，頁一八五一。
註八七　後漢書卷四十三朱穆傳，頁一四七〇；另見宦者傳，頁二五二二——二三。
註八八　同註八六，頁一八五二。
註八九　同註八五，頁二〇三七——三八，于黃瓊傳中無「書奏，不納。」四字，此見通鑑卷五十四，頁一七五二。
註九〇　同註三七。
註九一　後漢書卷四十六郭躬傳，頁一五四六。
註九二　後漢書卷三十八度尙傳，頁一二八四。
註九三　同註八七，頁一四六六。
註九四　後漢書卷六十一黃琬傳，頁二〇四〇。
註九五　同上註，又後漢書卷六十六陳蕃傳云：「自蕃爲光祿勳，與五官中郎將黃琬共典選擧，不偏權富，而爲勢家郎所譖訴，坐免歸」：頁二一六三。
註九六　見後漢書本傳，頁二〇六五。
註九七　潛夫論卷二考績第七。
註九八　參看後漢書卷八靈帝紀，頁三四六——五三；卷十八宦者傳，頁二五三四——三六，五行志頁三三七二——七三；卷五十二崔駰傳，頁一七三一。
註九九　後漢書卷七十九儒林傳下，頁二五八九。
註一〇〇　同註三七。

註一〇一　陳蕃傳，頁二一六九——七〇。

註一〇二　後漢書本傳，頁二一一一。

註一〇三　後漢書卷八十二上方術傳，頁二七二四；另見黨錮傳，二一九一。

註一〇四　又宦者傳注引三輔決錄曰：「佗字伯郎。以蒲陶酒一斗遺讓，讓卽拜佗爲涼州刺史。」頁二五三四。

註一〇五　後漢書卷六十下蔡邕傳，頁一九九一——九二。

註一〇六　同上註，頁一九九六。

註一〇七　同上註，頁一九九八。

註一〇八　同上註，頁一九九九。

註一〇九　靈帝紀，頁三四二。

註一一〇　崔寔傳，頁一七三一；宦者傳，頁二五一九；卷七十四上袁紹傳，頁二三九三。

註一一一　後漢書卷六十一羊續傳；卷八十七劉陶傳；宦者傳，頁二五三六。

註一一二　宦者傳，頁二五二六。

註一一三　同註三八。

註一一四　同註三七。例如趙壹作刺世疾邪賦，以舒其怨憤。曰：原斯瘼之攸興，寔執政之匪賢。女謁掩其視聽兮，近習秉其威權。所好則鑽皮出其毛羽，所惡則洗垢求其瘢痕。雖欲竭誠而盡忠，路絕嶮而靡緣。九重旣不可啓，又羣吠之狺狺。安危亡於旦夕，肆嗜慾於目前。奚異涉海之失柂，積薪而待燃。榮納由於閃楡，孰知辨其蚩妍。故法禁屈撓於勢族，恩澤不逮於單門。寧饑寒於堯舜之荒歲兮，不飽暖於當今之豐年。乘理雖死而非亡，違義雖生而匪存。（見後漢書卷八十文苑傳下，頁二六三一。）

又如宦者傳云：「黃巾旣作，盜賊糜沸，郎中中山張鈞上書曰：『竊惟張角所以能興兵作亂，萬人所以樂附之者，其源皆由十常侍多放父兄、子弟、婚親、賓客典據州郡，辜搉財物，侵掠百姓，百姓之寃無所告訴，故謀議不軌，聚爲盜賊。宜斬十常侍，縣頭南郊，以謝百姓，又遣使者布告天下，可不須師旅，而大寇自消。』」（頁二五三五）

註一一五　讀通鑑論卷八桓帝，頁二四四。
註一一六　後漢書卷二十九申屠剛傳，頁一〇一七。
註一一七　後漢書卷三十一郭伋傳，頁一〇九二；另見卷十七岑彭傳，頁六五四。
註一一八　見後漢書卷二十七王丹傳，頁九三二。
註一一九　見後漢書卷二十七張湛傳注三，頁九三〇。
註一二〇　後漢書卷四十一第五倫傳，頁一三九八。
註一二一　同上註，頁一三九九。
註一二二　王夫之將此責任歸咎於光武帝與章帝，詳見讀通鑑論卷七章帝，頁一九七。
註一二三　同註六七，頁二〇四二。
註一二四　同註七六，頁二〇四三。
註一二五　陳蕃傳，頁二一五九——六〇。
註一二六　中論下考僞第十一。
註一二七　文苑傳下，頁二六三〇。
註一二八　同註一二〇，頁一四〇〇。

註一二九　同註九四。
註一三〇　據四部備要本，中華書局印行。
註一三一　潛夫論卷一務本第二。
註一三二　潛夫論卷三實貢第十四。
註一三三　中論下考僞第十一。
註一三四　同註一〇五，頁一九九〇。
註一三五　同上註。
註一三六　通鑑卷五十七，頁一八三七。
註一三七　同註一三四。
註一三八　見註四〇，又范曄論曰：「中興以後，……榮路既廣，觖望難裁，自是竊名僞服，浸以流競，權門貴仕，請謁繁興。」此見同註七六。

附註：本論文由行政院國家科學委員會六十六學年度獎助研究完成

（原載國立臺灣大學歷史學系學報第四期，六十六年五月出版。）

東漢的土地問題

一、東漢土地兼幷的原因

豪族的兼幷土地，爲漢代社會最大的問題，它不但直接釀成西漢的傾覆，也間接導致新朝的速亡（註一）。光武中興，「百姓虛耗，十有二存」，（註二）人口的壓力大減（註三），耕地不敷分配的問題，雖暫趨緩和，然十餘年後，土地兼幷的問題復發，而且日益嚴重起來。究其原因，約有下列數點：

(一)就土地本身的價值而論：

(1)土地是人類生存與萬物生長所必需的基地，即世界上一切生產資源，沒有一樣不是由土地供給的，如果沒有土地，則整個人類和一切生物都無法生存。所以管子說：「地者，萬物之本也，諸生之根苑也。」又易經讚美大地說：「至哉坤元，萬物資生，坤厚載物，德合無疆，含弘光大，品物咸享。」簡單的說，人類都有求生存的慾望，人類要滿足這種慾望，必須取得生活的物資，一切生活物資都是直接或間接從土地產生出來的。所以土地實爲生產的母體，尤其農林業的經營，更完全以土地爲唯一的生產基礎。因此，自古以來，人類對於土地都盡力設法爭取與控制之（註四）。

⑵土地是自然的產物，它的總量和位置受自然和空間的限制，絕不是人力所能任意增加和移動的。其次，土地（除礦產地外）如能保護得法，其生產可以永久保持而不致衰退，所以土地估價沒有折舊，而且在正常的情形下，還不斷的升值。土地既有這種長期不壞性，它的生產力可以發揮於無窮，所以凡是佔有土地的人，總是認爲「有土此有財」（註五），實爲子孫萬世最佳的產業。因此，富豪乃常投資購買土地，作爲保存其財富價值的方法（註六）。這樣一來，便激起了土地的兼幷。

㈡就秦漢時人對土地的觀念與入仕的情況而論：

⑴在自然經濟時代，土地是財富的基礎，財產又是權力的基礎。求名逐利是人類的天性。因此，從戰國到秦漢，絕大多數人的活動，最終都是以取得廣大的土地爲目的。司馬子長說：

> 富者，人之情性，所不學而俱欲者也。……是故本富爲上，末富次之，姦富最下。……夫用貧求富，農工不如工，工不如商，刺繡文不如倚市門，此言末業，貧者之資也。……與時俯仰，獲其贏利，以末致財，用本守之……（註七）。

司馬子長的這種觀念是代表秦漢以來大多數人的觀念。當時大多數的人既然認爲土地爲本富的根本，所以對土地的佔有慾也顯得特別强烈，加以土地受自然的限制，不能隨着人的慾望任意增加或移動。因此，在私有制度下，人們一旦獲得大批的金錢，便紛紛購買土地，權貴如購求不得，便以政治手段奪取。於是買占的結果，「富者田連阡陌」，（註八）「强者規田以千數。」（註九）

(2)自戰國以來，耕種之家，每年所穫，往往入不敷出，生活異常困苦（註一〇）。所以土地兼幷是絕對沒有利益的，卽令地主所用的生產動力全是奴隸和僱工，而不是佃戶，他所能剝削的剩餘價値也是十分有限的。但是經過了兩漢數百年間的改進，產生地主的客觀條件是逐漸具備了。例如第一是耕種工具的改良，第二是代田法的施行，第三是區種法的應用，第四是灌漑事業的提倡，第五是水碓的發明，第六是國賦與私租差率的增大（註一一）。在這許多客觀條件都已逐步完成後，地主的利潤劇增，土地的兼幷便日益劇烈起來了。

(3)秦漢以來，富力成爲入仕的資本。秦時家貧無行者不得推擇爲吏（註一二）。西漢初年，限制資產在十萬以上乃得官，景帝改爲四萬（註一三），武帝以後，雖去銷這個限制，「家貧，庸作以供資用，」的匡衡，也「射策甲科，以不應令除爲太常掌故，」（註一四）但是貧而無黨援的士人，依然不易被人察舉（註一五）。這種情形，在東漢尤甚。如朱穆說：「夫以韓（安國）、翟（方進）之操，爲漢之名宰，然猶不能振一貧賢，薦一孤士，又況其下者乎！」（註一六）李固說：「古之進者，有德有命；今之進者，唯財與力。」（註一七）陳伯敬雖是當時一位標準的賢人，因無黨援，到老只不過舉孝廉（註一八）。士人度尙，事母至孝，有文武才，因家境貧寒，不爲鄉里所推舉（註一九）。所以黃琬傳說：「時權富子弟多以人事得舉，而貧約守志者以窮退見遺。」（註二〇）這種選舉腐化的情形，也無形中鼓勵了豪族努力於土地的兼幷。

(三)**就東漢不良的政治而論：**

(1)皇帝對宗室、外戚、公卿百官的賞賜過制，大者錢數千萬，小者數千。例如明、章時代，東平憲王蒼所得賞賜最多，每次數千百萬錢，甚至一億，諸王莫與爲比（註二一）。又章帝於建初七年（八二），詔賜「公錢四十萬，卿半之，及百官執事各有差。」（註二二）和帝時，「竇氏專政，外戚奢侈，賞賜過制，倉帑爲虛……臘賜，自郎官以上，公卿王侯以下，至於空竭帑藏，損耗國資（註二三）。安帝時，也是「費用賞賜已不可算，帑藏單盡。」（註二四）此外，這種例子很多，實不勝枚舉。這些權貴豪族一旦獲得大批金錢，除恣意揮霍外，卽購買土地，形成土地集中的現象。

(2)富商巨賈的資財，經過西漢二百餘年的剝削和積累，至東漢時已大增。西漢富賈的財產最多不過鉅萬（一萬萬），然東漢「折國有貲財二億，家僮八百人」（註二五）。士孫奮有錢一億七千萬，富聞京師（註二六）。又東漢初年，富商巨賈就已濫放子錢，「收稅與封君比入」（註二七）。和帝以後，一方面因政府「罷鹽鐵之禁，縱民煮鑄。」（註二八）從此豪族的財富倍增；一方面因爲政治腐敗，財政困難，無法兼顧水利，以致水旱頻仍，農民生活愈形窮困，富商巨賈便乘機購買他們的田地，造成土地兼并的現象。

二、東漢土地兼并的概況及其對策

由於上述種種原因，所以自戰國初年土地私有制興起後（註二九），人們一旦獲得相當的金錢，就購買土地，如不能用經濟手段兼并，卽用政治手段奪取。例如趙括爲將後，將王所賜給的金帛，「歸藏於家，而日視便利田宅可買者買之。」（註三〇）又秦時王翦將兵攻荊，始皇親自送至壩上，翦乃「請美田宅園池甚衆……既至關，使使還請善田者五輩。」（註三一）西漢建立，相國蕭何也「賤彊買民田宅數千萬」，又「置田宅必居窮處，爲家不治垣屋」，恐子孫不賢，免得被勢家所奪（註三二）。景、武時代，土地兼并轉劇，景帝皇后同母弟武安侯田蚡，「以肺附爲相」，不但「嘗請考工地益宅」，並且仗勢相奪竇太后從兄子魏其侯竇嬰的城南田（註三三），未果，雙方成仇。成帝時，土地兼并日趨劇烈，如成帝母舅王立、老師張禹、丞相匡衡及翟方進等人都是挾勢兼并土地的能手（註三四）。哀帝時，情況更嚴重起來，「諸侯王、列侯、公主、吏二千石及豪富民多畜奴婢，田宅亡限，與民爭利，百姓失職，重困不足。」（註三五）諫大夫鮑宣上書說：

> 竊見孝成皇帝時，外親持權，人人牽引所私以充塞朝廷，妨賢人路，濁亂天下，奢泰亡度，窮困百姓，是以日蝕且十，彗星四起。危亡之徵，陛下所親見也，今奈何反覆劇於前乎！……今……羣小日進，國家空虛，用度不足。民流亡，去城郭，盜賊並起，吏爲殘賊，歲增於前。凡民有七亡：水旱爲災，一亡也；縣官重責更賦租稅，二亡也；貪吏並公，受取不已，三亡也；豪強大姓蠶食亡厭，四亡也；苛吏繇征，失農桑時，五亡也；部落鼓鳴，男女遮迫，六亡也；盜賊刼略，取民財物，七亡也。七亡尚可，又有七死：酷吏毆殺，一死也；治獄深刻，二死也；寃陷亡辜，三死也；盜賊橫發，四死也；怨讎相殘，五死也；歲惡飢餓，六死也；時氣疾疫，七死也。民有七亡而無一得，欲望國安，誠難；民有七死而無一生，欲望刑措，誠難。此非公卿守相貪殘成化之所致邪？（註三六）

鮑宣這些沉痛的話，絲毫阻止不住豪族的肆意兼并。在這土地高度集中與奴隸有增無已的問題不能解決下，西漢便滅亡了。新莽雖乘機而興，但也無法消除這種矛盾，遂招致速亡。

東漢是豪族建立的政權，這是近代歷史學者公認的事實（註三七）。所以有人說：「東漢這一新政權的建立，在名義上、實質上、皇室血統上、政權屬性上，都是西漢末年那一舊政權的復活與延續。它是王莽大刀濶斧、急劇變革下所產生的反動，它是西漢末年衰老腐敗的貴族政權的改弦更張。」（註三八）換言之，這是南陽地主階級出身的光武帝和他的姻親、功臣等用經濟勢力取得政治高位的大成功。但是這個特殊的豪族集團形成後，便仗勢在政治上把持選擧（註三九），在經濟上侵漁起百姓來了。此外，在開國伊始，地主富豪依然遍及全國各地（註四〇），所以自西漢晚期以來，土地高度集中與奴隸無限制的增加之問題仍然存在着。例如後漢書卷三十七丁鴻傳說：

丁鴻……父琳……建武元年，拜河南太守。及封功臣，帝令各言所樂，諸將皆占豐邑美縣，唯琳願封本鄉。或謂琳曰：「人皆欲縣，子獨求鄉，何也？」琳曰：「昔孫叔敖勑其子，受封必求墝埆之地，今琳能薄功微，得鄉亭厚矣。」帝從之，封定陵新安鄉侯，食邑五千戶，後徙封陵陽侯。

（註）孫叔敖，楚相也。墝埆，瘠薄之地。叔敖將死，戒其子曰：「王封汝，必無居利地也。楚、越之間，有寢丘者甚惡，可長有以食也。」見呂氏春秋。

又同書卷二十六趙憙傳說：

大姓李子春先爲琅邪相，豪猾并兼，爲人所患。

光武帝爲鞏固自己和子孫的權位起見，除實行中央集權外，爲保持「天子不與白衣同」（註四一）的優越地位，也不願其他豪族作無限制的發展；尤其地方富豪兼并土地，舞斷鄉曲，是和集權政府相衝突的。他在與羣雄角逐之際，固然要拉攏豪族，但在建立政權之後，爲了本身的權利，又必須抑制豪族。他深知政權的穩定，全繫於社會的安定，要想使社會安定，必先從解決土地與奴婢問題着手。他在位期間，對奴隸問題的解決，可說相當成功（註四二）。至於解決土地問題，光武認爲既不能沒收豪族的土地，以免重蹈新朝的覆轍，也不能實行西漢從未實現過的限田制，只有放棄「耕者有其田」的理想，而實行「有田必有稅」的政策。西漢賦稅以田租與口賦爲主，東漢因襲未改。所以如想平均賦稅，必須確定土地所有權與戶口（註四三）。於是在建武十五年（三九），「詔下州郡檢覈墾田頃畝及戶口年紀（註四四）。但豪族擁有廣大土地，官吏不敢前往調查，對平民與沒有權勢的地主，反借機侵奪，不久卽引起他們的反抗。所謂「郡國大姓及兵長，羣盜處處並起，功刼在所，害殺長吏。郡縣追討，到則解散，去復屯結。青、徐、幽、冀四州尤甚。」（註四五）光武面對着這個事實，所採取的措施有二：一方面將河南尹張伋及諸郡守十餘人，用坐度田不實的罪名，皆下獄處死（註四六），以謝天下；一方面「遣使者下郡國，聽羣盜自相糾擿，五人共斬一人者，除其罪……於是更相追捕，賊並解散。徙其魁帥於它郡，賦田受稟，使安生業。」（註四七）由此可知，光武帝對地方大姓的反抗，不敢用武力鎮壓，僅用妥協方式來減少矛盾。

又後漢書卷二十二劉隆傳說：

是時，天下墾田多不以實，又戶口年紀互有增減。（建武）十五年，詔下州郡檢覈其事，而刺史太守多不平均，或優饒豪右，侵刻羸弱，百姓嗟怨，遮道號呼。時諸郡各遣使奏事，帝見陳留吏牘上有書，視之，云「潁川、弘農可問，河南、南陽不可問」。帝詰吏由趣，吏不肯服，抵言於長壽街上得之。帝怒。時顯宗爲東海公，年十二，在幄後言曰：「吏受郡勑，當欲以墾田相方耳。」帝曰：「卽如此，何故言河南、南陽不可問？」對曰：「河南帝城，多近臣，南陽帝鄉，多近親，田宅踰制，不可爲準。」帝令虎賁將詰問吏，吏乃實首服，如顯宗對。於是遣謁者考實，具如姦狀。明年，隆坐徵下獄，其疇輩十餘人皆死。

從這段文字看來，可知當時宗室、貴戚不但多占田瞞稅，而且其田宅踰制很多，連十二歲大的東海公都知道了。其次，東漢對大地主所有田宅，是有所謂「制」的，而光武似乎有意維持這個「制」（註四八）。但此「制」如何？史無明文，不得而知。

總之，光武對解決土地問題，完全是失敗的。從此以後，再也不檢覈墾田與戶口的實數了。

×××　×××　×××

明帝察察，爲政頗能「遵奉建武制度」（註四九），志在「抑强扶弱」（註五〇），防止兼幷。如永平十三年（七〇），汴渠修成後，下詔說：「濱渠下田，賦與貧人，無令豪右得固其利。）（註五一）這種「法令分明，幽枉必達」（註五二）的嚴切作風，使得豪族不敢公然爲非做歹。

章帝卽位，「素知人厭明帝苛切，事從寬厚」（註五三），外戚等豪族婪貨財、兼幷土地與競尙奢侈的劣根性，又趁勢發作起來。例如光武帝子濟南安王康先是在國不遵守法度，交通賓客；後來又圖謀不軌，被有司告發。明帝不忍追究這件事，但削了祝阿、隰陰、東朝陽、安德、西平昌五縣，以示懲罰。建初八年（八三），章帝歸還從前所削的土地，「康遂多殖財貨，大修宮室，奴婢至千四百人，廐馬千二百匹，私田八百頃，奢侈恣欲，游觀無節。」（註五四）和帝永元初年，國傅何敞上疏諫止他，然終不能改（註五五）。

又如後漢書卷二十四馬防傳說：

> 防兄弟貴盛，奴婢各千人已上，資產巨億，皆買京師膏腴美田，又大起第觀，連閣臨道，彌亙街路，多聚聲樂，曲度比諸郊廟。

後來，諸馬獲罪，竇家得勢，竇憲便仗勢侵奪起沁水公主的田園來了。後漢書卷二十三竇憲傳說：

> 建初二年，女弟立爲皇后，拜憲爲郎，稍遷侍中、虎賁中郎將；弟篤，爲黃門侍郎。兄弟親幸，並侍宮省，賞賜累積，寵貴日盛，自王、主及陰、馬諸家，莫不畏憚。憲恃宮掖聲勢，遂以賤直請奪沁水公主（明帝女）園田，主逼畏，不敢計。後肅宗駕出過園，指以問憲，憲陰喝不得對。後發覺，帝大怒，召憲切責曰：「深思前過，奪主田園時，何用愈趙高指鹿爲馬？久念使人驚怖。昔永平中，常令陰黨、陰博、鄧疊三人更相糾察，故諸豪戚莫敢犯法者，而詔書切切，猶以舅氏田宅爲言。今貴主尚見枉奪，何況小人哉！國家弃憲如孤雛腐鼠耳。」憲大震懼，皇后爲毀服深謝，良久乃得解，使以田還主（註五六）。

章帝在盛怒下，雖然罵他是臭老鼠，但並沒有治他的罪，遂養成竇憲一種驕縱的心理。所以到和帝繼位，竇太后臨朝，憲執掌大權後，便明目張膽的作起惡來（註五七）。

竇憲養有許多爪牙心腹，迫害異己，又「刺史、守令，多出其門。」連他的奴客都仗勢欺人，「强奪財貨，簒取罪人，妻略婦女。商賈閉塞，如避寇讎。有司畏懦，莫敢舉奏。」（註五八）由此可知，在這黑暗時代，百姓的生命財產是毫無保障的。

×××　×××　×××

從順帝末年到桓帝延熹二年（一五九），在這近二十年中，是大將軍梁冀專政的時期。他殘暴貪奢，實爲東漢濁流豪族的典型（註五九）。他雖已富傾天下，但貪財無厭，還設法吞併地方富豪的財產。他派到地方上的官吏，都是些「貪叨凶淫」之徒。他們各遣私客登錄所屬諸縣富人，然後誣陷下獄，使出錢自贖，拿錢少的就被殺死或遠徙邊疆，所以太學生劉陶上疏桓帝曰：

陛下……妄假利器，委授國柄，使羣醜刑隸，芟刈小民，彫敝諸夏，虐流遠近……陛下不悟，而競令虎豹窟於麑場，豺狼乳於春囿……（今）牧守長吏，上下交競；封豕長蛇，蠶食天下；貨殖者爲窮寃之魂，貧餒者作飢寒之鬼；高門獲東觀之辜，豐室羅妖叛之罪；死者悲於窀穸，生者戚於朝野；是愚臣所爲咨嗟長懷歎息者也……願陛下遠覽强秦之傾，近察哀、平之變，得失昭然，禍福可見（註六〇）。

梁冀本人尤長於這種害人的手段，當時扶風人士孫奮家產有一億七千餘萬，視錢如命，梁冀送給他四匹馬，向他借五千萬，士孫奮不識好歹，只借給他三千萬，梁冀大爲惱火，就告到郡縣，說奮的母親原是他家看守寶藏的婢女，挾白珠十斛，紫金千斤潛逃，現在被抓到了。郡縣就收考奮，兄弟都死在獄中，他一億七千餘萬的貲財，也全都被梁冀佔有了（註六一）。

梁冀在位二十年間，一門前後七侯，三皇后，六貴人，二大將軍，夫人、女食邑稱君者七人，尚公主者三人，其餘卿、將、尹、校五十七人，窮奢極侈，威行海內，百僚側目，莫敢違命，天子恭己而不得有所親豫（註六二）。延熹二年，桓帝被梁氏欺壓的再也不能忍受，就與單超等五個宦官合謀，逼冀與妻自殺。諸梁氏及妻孫氏中外宗親無長少皆棄市。其他牽連而死的公卿列校刺史二千石數十人，故吏免黜者三百餘人，朝廷爲空，政府沒收冀的財產，縣官斥賣，合計三十餘萬萬，國庫有這一大筆收入，就減收天下稅租之半（註六三）。實際上絕不止此數，這些財產大部分是梁冀侵奪他人而聚積的贓物。

××× ××× ×××

東漢的政治，到桓、靈之世已腐敗至極點。桓帝雖爲一淫侈的君主，但荒淫的程度遠不及靈帝（註六四）。在這個時期，以宦官爲首的濁流豪族，都像餓虎飢狼似的，張牙舞爪，噬食百姓，竭力兼幷起土地來了。

延熹二年，單超等五人因功除獲得巨額賞賜外，並且同日都封爲侯。不久，單超病死，其餘四侯都十分專橫。他們的兄弟姻戚皆宰州臨郡，辜較百姓，與盜賊無異（註六五）。他們不但「剝割萌黎，競恣奢欲。」（註六六）而且凡是他們看中的良田美業，無論是公家還是私人的，必定設法佔有，如大臣膽敢奏劾，有皇帝爲他們撐腰，反而遭受懲罰。如後漢書卷六十七劉祐傳說：

> 劉祐……三轉大司農。時中常侍蘇康、管霸用事於內，遂固天下良田美業，山林湖澤，民庶窮困，州郡累氣。祐移書所在，依科品沒入之。桓帝大怒，論祐輸左校。

又同書卷七十八宦者侯覽傳說：

> 侯覽者……桓帝初爲中常侍，以佞猾進，倚勢貪放，受納貨遺以巨萬計……。
>
> 小黃門段珪家在濟陰，與覽並立田業，近濟北界，僕從賓客侵犯百姓，刼掠行旅……。

覽等得此愈放縱。覽兄參爲益州刺史，民有豐富者，輒誣以大逆，皆誅滅之，沒入財物，前後累億計…………京兆尹袁逢於旅舍閱參車三百餘輛，皆金銀錦帛珍玩，不可勝數。

建寧二年，喪母還家，大起塋冢。督郵張儉因擧奏覽貪侈奢縱，前後請奪人宅三百八十一所，田百一十八頃。起立第宅十有六區…………又豫作壽冢…………破人居室，發掘墳墓。虜奪良人，妻略婦子…………。

侯覽雖罪不容誅，但在靈帝的偏袒下，反代曹節領長樂太僕。

又如東海恭王後人繒侯劉敞，在國也侵占官民田地（註六七）。陽翟黃綱「恃程夫人權力，求占山澤以自營植」，（註六八）使得潁川太守種拂不知如何處理才好。

此外，這種例子尚多（註六九），而不見史籍者更不知多少。

總之，在這土地集中於少數人的手中，大多數的人在失去謀生的憑藉或重租剝奪下，社會危機日深。於是如何解決土地問題，就成爲當時學者研究的課題了。自漢武帝以來，對土地改革的意見有兩派：一爲董仲舒首倡的限民名田，另一爲王莽力圖恢復的井田制。東漢學者對於土地改革的理論，也沒有超出這個範圍。崔寔、仲長統主張實行井田制。崔氏認爲爲政者應知權變，因時制宜。他似乎知道井田制不易恢復，所以又主張移民就寬鄉，以調節人地的不相副（註七〇）。仲長統雖力行井田制，但在此制尙未恢復以前，對公家荒地的領墾，主張應加限制，防止兼幷（註七一）。荀悅則主張限田。他認爲井田制不宜實行於人衆之時，「宜以口數占田」，但農民只有耕種權，不得買賣，以達到「贍貧弱、防兼幷」的目的（註七二）。這個方案，實際上是推翻了土地私有制，在當時是絕對行不通的。

因為那時政治上的統治者，實際上就是經濟上的統治者，他們總是永遠榨取被治者，以求滿足私慾，誰肯願意放棄既得的利益呢？在這人口的增加超過墾田與糧食增加的情況下（註七三），社會至此已走向崩潰之路，而政治的腐敗，又促使社會的加速崩潰。民衆已飽受饑餓窮困的折磨，又遭受虐政的壓迫，在求生不得、一切絕望的情況下，只好鋌而走險，東漢政權遂陷入分崩離析的局面。

三、結束語

由於東漢政權是西漢末年舊政權的復活與延續，所以土地兼幷的問題，在一開國就存在着。就漢代土地兼幷的情形看來，約分兩類：第一類是仰仗政治勢力侵奪，第二類是用經濟力量集中。這在東漢尤為顯著。先就第一種情形而論：

東漢政權建立後，由宗室、貴戚與功臣所形成的豪族集團，卽仗勢兼幷起土地來了。在君主專制時代，無論多麼樣英明的君主，也決不會完全置皇親貴戚及其作為政權支柱的官僚之利益於不顧的。所以光武帝對他們也無可奈何。明帝時用法較嚴，使豪族不敢公然作惡。章帝卽位，因事從寬厚，外戚宦官的勢力擡頭，他們遂借了政治力量，培養他們的經濟勢力，於是馬防、竇憲等便積極的從事兼幷，連明帝女兒的園田都遭到侵奪，一般人的田地自然更毫無保障了。順、桓之際，罪不容誅的梁冀，不但公開枉殺忠良，嚴重的破壞選擧，掠奪他人財貨，並乘勢大起第舍，「廣開園囿，多拓林苑，西至弘農、東界滎陽、南極魯陽、北達河、淇，周旋封域，殆將千里。又起菟苑於河南城西，經亙數十里，發屬縣卒徒，繕修樓觀，數年乃成。」（註七四）這些廣大的土地，自然全是強佔良民的。桓、靈之世，宦官侯覽，前後奪人住宅三百八十一所，良田百一十八頃，築第宅十六區。宦官掠奪他人的田宅財貨，至此已發展到瘋狂的地步，同時也導致了全國的大暴亂。所以張鈞上書靈帝曰：

竊惟張角所以能興兵作亂，萬人所以樂附之者，其源皆由十常侍多放父兄、子弟、婚親、賓客典據州郡，辜搉財利，侵掠百姓，百姓之冤無所告訴，故謀議不軌，聚爲盜賊。宜斬十常侍，縣頭南郊，以謝百姓。又遣使者布告天下，可不須師旅，而大寇自消。」（註七五）

再就第二種情形而論：東漢土地兼幷之風，都是從達官貴戚引導起來的。皇帝對他們沒有辦法，對一般富豪也不會有什麼辦法。所以光武帝在解決土地問題上是完全失敗的。明帝時下令禁民二業，就是「農者不得商賈」，「商賈不農」，以防兼幷。但事實正相反，不但不能禁止富商巨賈兼做大地主，反妨害了農民捕魚打獵與採桑養蠶的利益（註七六）。尤其和帝初卽位，竇太后詔令「罷鹽鐵之禁，縱民煮鑄。」更增加了豪族的財富。加以自西漢以來，耕種工具的改良，代田法和區種法的應用，地主的利潤劇增。相反的，小農單獨生產，往往入不敷出；又和帝以後，天災兵禍頻仍，以及晚期的苛捐重稅，使得農村凋敝，富商巨賈便乘機收買農民廉價的田地，於是土地兼幷更劇烈起來。它發展的情況，如仲長統說：

井田之變，豪人貨殖，館舍布於州郡，田畝連於方國。身無半通青綸之命，而竊三辰龍章之服；不爲編戶一伍之長，而有千室名邑之役。榮過於封君，勢力侔於守令。財賂自營，犯法不坐。刺客死士，爲之投命。至使弱力少智之子，被穿帷敗，寄死不斂，冤枉窮困，不敢自理。雖亦由網禁疎闊，蓋分田無限使之然也（註七七）。

又說：

豪人之室，連棟數百，膏田滿野，奴婢千羣，徒附萬計。船車賈販，周於四方；廢居積貯，滿於都城。琦賂寶貨，巨室不能容；馬牛羊豕，山谷不能受（註七八）。

由此可知，東漢的富豪已成爲支配着千家萬戶的一個龐大的集團，他們是「上家累鉅億之貲，戶地侔封君之土。」（註七九）力量甚大。他們就借了這種力量要挾選擧，遂一躍而取得政治上的地位。於是他們由經濟上的支配者兼爲政治上的支配者了（註八〇）。

東漢覆亡，外戚、宦官集團也同歸於盡，然富豪和官僚集團（卽世官之家）的勢力仍在，並且和世學之家的勢力繼續發展（註八一），形成了魏晉南北朝的世族。從此以後，在這大約四百年中，他們在政治上、經濟上和社會上都成爲特權階級。這種情形，在六朝時期，最爲顯著。後來，興起於北方的隋朝，兼幷了南方，統一中國，卽與南朝在政治上、經濟上不能制敵有很大關係。（註八二）

注釋

註 一 參看勞貞一撰戰國秦漢土地問題及其對策，大陸雜誌第二卷第五期，民國五十一年三月出版。

註 二 後漢書郡國志注引帝王世紀，新校後漢書注本，頁三三八八，六十一年九月，臺北世界書局印行。

註 三 同上註，西漢平帝元始二年，民戶千三百二十三萬三千六百一十二，後經王莽簒位，更始、赤眉之亂，至光武中興，人口大減，直至中元二年，民戶尙爲四百二十七萬千六百三十四，故云人口壓力大減。

註　四　參看張德粹著土地經濟學第一章第二節，頁八——九，五十二年三月，國立編譯館出版。

註　五　大學，啓明書局印行，頁一七。

註　六　同註四，頁五——七。

註　七　史記卷一二九貨殖傳，新校史記三家治本，頁三二七一—八一，六十一年十二月再版，臺北世界書局印行。

註　八　漢書卷二十四食貨志上，新校漢書集注本，頁一一三七，六十一年九月，臺北世界書局印行。

註　九　漢書卷九十九中王莽傳，頁四一一〇。實例如同書卷九十酷吏傳說：「寧成……乃貫貸陂田千餘頃，假貧民，役使數千家……致產數千萬，」頁三六四九——五〇。

註一〇　漢書卷二十四食貨志上：「李悝曰……今一夫挾五口，治田百晦，歲收晦一石半，爲粟百五十石，除十一之稅十五石，餘百三十五石。食，人月一石半，五人終歲爲粟九十石，餘有四十五石。石三十，爲錢千三百五十，除社閭嘗新春秋之祠，用錢三百，餘千五十。衣，人率用錢三百，五人終歲用千五百，不足四百五十。不幸疾病死喪之費，及上賦斂，又未與此。此農夫所以常困，有不勸耕之心，而令糴至於甚貴者也。」又食貨志上：「晁錯曰……今農夫五口之家，其服役者不下二人，其能耕者不過百晦，百晦之收不過百石。春耕夏耘，秋穫冬藏，伐薪樵，治官府，給繇役；春不得避風塵，夏不得避暑熱，秋不得避陰雨，冬不得避寒凍，四時之間亡日休息；又私自送往迎來，弔死問疾，養孤長幼在其中。勤苦如此，尙復被水旱之災，急政暴（虐）（賦），賦斂不時，朝令而暮改。當具有者半賈而賣，亡者取倍稱之息，於是有賣田宅鬻子孫以償責者矣。」

註一一　參看蒙思明著六朝世族形成的經過，文史雜誌第一卷第九期，三十年八月出版，頁四——七。

註一二　漢書卷三十四韓信傳說：「韓信，淮陰人也。家貧無行，不得推擇爲吏，」頁一八六一。

註一三　漢書卷五景帝紀後二年五月詔及注引服虔語，頁一五二。
註一四　漢書卷八十一匡衡傳，頁三三三一。
註一五　漢書卷七十二貢禹傳，頁三〇七七。
註一六　後漢書卷四十三朱穆傳，頁一四七〇，另見宦者傳，頁二五二一——二二。
註一七　後漢書卷六十三李固傳，頁二〇七四。
註一八　後漢書卷四十六郭躬傳，頁一五四六。
註一九　後漢書卷三十八度尙傳，頁一二八四。
註二〇　後漢書卷六十一黃琬傳，頁二〇四〇。
註二一　後漢書卷四十二光武十王傳，頁一四三三——四一。
註二二　後漢書卷三章帝紀，頁一四二。
註二三　後漢書卷四十三何敞傳，頁一四八一。
關於臘賜，注引漢官儀云：「臘賜大將軍、三公錢各二十萬，牛肉二百斤，粳米二百斛，特進、侯十五萬，卿十萬，校尉五萬，尙書三萬，侍中、將、大夫各二萬，千石、六百石各七千，虎賁、羽林郎二人共三千，以爲祀門戶直。」
註二四　後漢書卷四十八翟酺傳，頁一六〇四。
註二五　後漢書卷八十二方術傳上，頁二七二〇。
註二六　後漢書卷三十四梁冀傳，頁一一八一。
註二七　後漢書卷二十八上桓譚傳，頁九五八。

註二八　後漢書卷四和帝紀，頁一六七。

註二九　參看齊思齊和著戰國制度考(1)，燕京學報第二十四期，二十七年十二月出版。

註三〇　史記卷八十一廉頗傳，頁二四四七。

註三一　史記卷七十三王翦傳，頁二三四〇。

註三二　史記卷五十三蕭相國世家，頁二〇一八——一九。

註三三　漢書卷五十二田蚡灌夫傳，頁二三七七——八六。

註三四　見漢書卷七十七孫寶傳，頁三二五八；卷八十一匡衡張禹傳，頁三三四五——四九；卷八十四翟方進傳，頁三四四〇。

註三五　漢書卷十一哀帝紀，頁三三六。

註三六　漢書卷七十二鮑宣傳，頁三〇八七——八八。

註三七　參看楊聯陞著東漢的豪族，清華學報第十一卷第四期；蒙思明著六朝世族形成的經過；余英時著東漢政權之建立與士族大姓之關係，新亞學報第一卷第二期；薩孟武著中國社會政治史第一冊第三章第一節，頁二九〇——九四，五十八年增補三版，三民書局經銷。勞貞一著漢代的豪族及其政治上的關係，慶祝李濟先生七十歲論文集上册，五十四年九月，清華學報社印行。

註三八　同註一一，頁四。

註三九　參看拙著東漢的選舉，國立臺灣大學歷史學系學報第四期，六十六年五月，臺灣、臺北。

註四〇　參看楊聯陞著東漢的豪族（二）。

註四一　後漢書卷七十七董宣傳，頁二四九〇。

註四二　詳見後漢書卷一光武紀上下，頁二六——八四。

註四三　參看薩孟武著中國社會政治史第一冊第三章第一節，頁三〇一。

註四四　光武紀下，頁六六。

註四五　同上註，頁六七。

註四六　同上註，頁六六；另見後漢書五行志六，頁三三五九。因此事下獄死或免職的，除河南尹張伋、南郡太守劉隆外，有史可考者，爲大司徒（前汝南太守）歐陽歙、河內太守牟長（均見卷七十九儒林傳上，頁二五五六——五七）、東平相王元（卷十三隗囂傳，頁五三一）、千乘太守李章（卷七十七酷吏傳，頁二四九三）、東海相韓歆（卷二十九鮑永傳，頁一〇二〇）。

註四七　光武紀下，頁六七。

註四八　同註四〇，頁一〇一六。

註四九　後漢書卷二明帝紀，頁一二四。

註五〇　漢書卷二十七刑法志，頁一一一〇。

註五一　同註四九，頁一一六。

註五二　同註四九。

註五三　後漢書卷三章帝紀論，頁一五九。

註五四　同註二一，頁一四三一。

註五五　同註二一，頁一四三一——三二。

註五六　又後漢書五行志一所載字數較少，頁三二六八。

註五七　司馬溫公認爲後來竇憲之「放縱而無所顧」，章帝應負一部分責任。見資治通鑑卷四十六，章帝建初八年，頁一四九四，五十九年十二月三版，臺北世界書局印行。
註五八　後漢書卷二十三竇憲傳，頁八一九。
註五九　東漢的豪族可分淸流豪族與濁流豪族兩類，淸流是「不甚富而有知」，他們的經濟勢力不及濁流，見同註四〇。
註六〇　後漢書卷五十七劉陶傳，頁一八四三。
註六一　同註二六。
註六二　同註二六，頁一一八五。
註六三　同註二六，頁一一八七。
註六四　詳見後漢書卷七桓帝紀、卷八靈帝紀，頁二八七——三六〇。
註六五　後漢書卷七十八單超傳，頁二五二〇——二一。
註六六　後漢書卷七十八宦者傳序，頁二五一〇。
註六七　後漢書卷八十二下公沙穆傳，頁二七三〇——三一。
註六八　後漢書卷八十一劉翊傳，頁二六九五。
註六九　例如順帝崩，塋域所極，二十頃。梁太后猶嫌小。事見後漢書卷五十七欒巴傳，頁一八四一。又如同書卷五十四楊賜傳說：「靈帝欲造畢圭靈琨苑，賜復上疏諫曰：『竊聞使者並出，規度城南人田，欲以爲苑………今猥規郊之地，以爲苑囿，壞沃衍，廢田園驅居人，畜禽獸，殆非所謂『若保赤子』之義。今城外之苑已有五六………書奏………遂令築苑。」
註七〇　參看全後漢文卷四十六崔寔政論，五十二年五月，世界書局印行。

註七一　參看後漢書卷四十九仲長統傳損益篇，頁一六五一——五六。

註七二　參看文獻通考卷一田賦一，新興書局發行，頁考三三。

註七三　參看同註二及同註四三，頁三六七——六八。

註七四　同註二十六，頁一一八二。

註七五　後漢書卷七十八張讓傳，頁二三三五。

註七六　參看後漢書卷三十九劉般傳，頁一三〇五。

註七七　同註七一，頁一六五一。

註七八　仲長統傳理亂篇，頁一六四八。

註七九　同註七〇。

註八〇　同註一一，頁七——八。

註八一　同註一一，頁八——一二。

註八二　參考谷霽光著三國鼎峙與南北朝分立，禹貢半月刊第五卷第一期，民國二十五年三月出版。

（原載國立編譯館館刊第六卷第二期，六十六年十二月出版。）

三國屯田圖

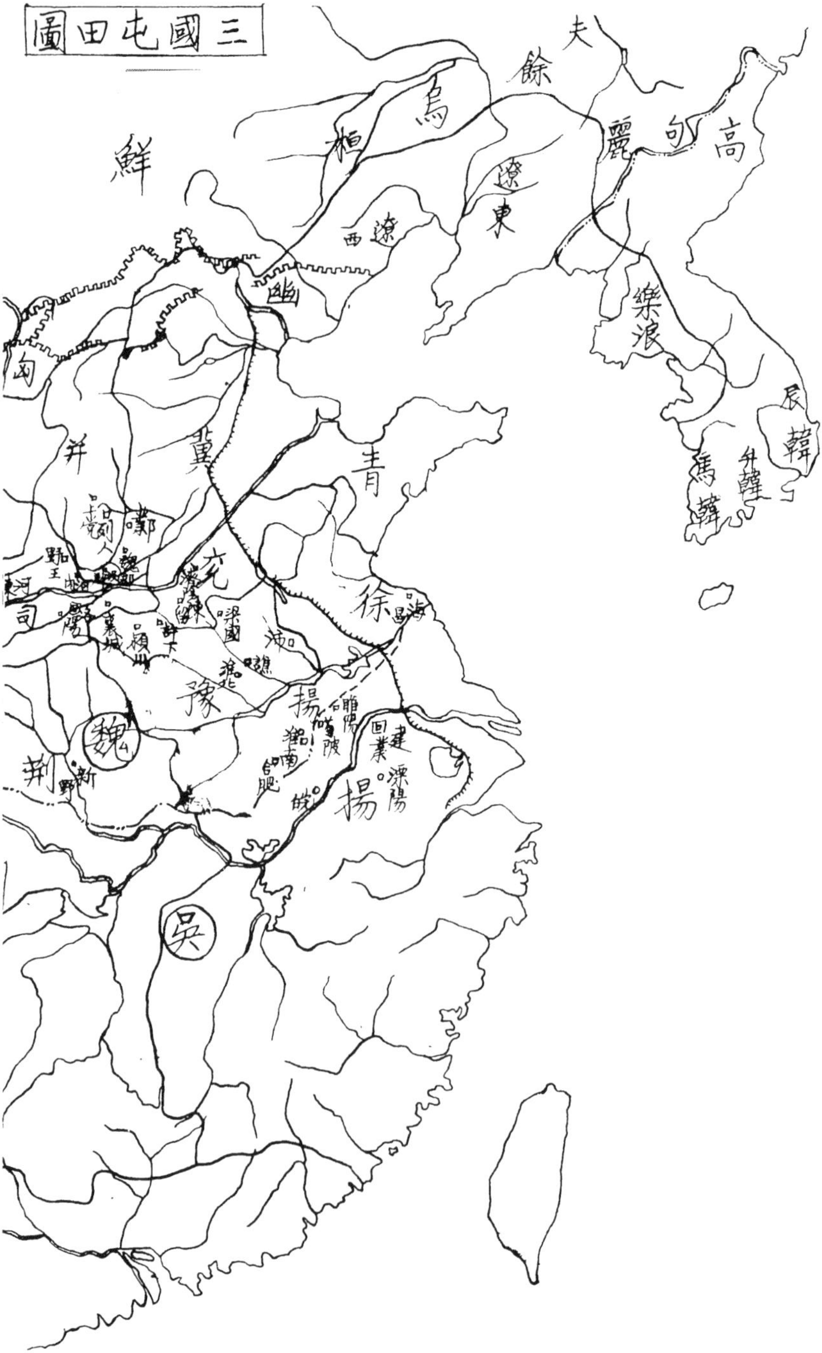

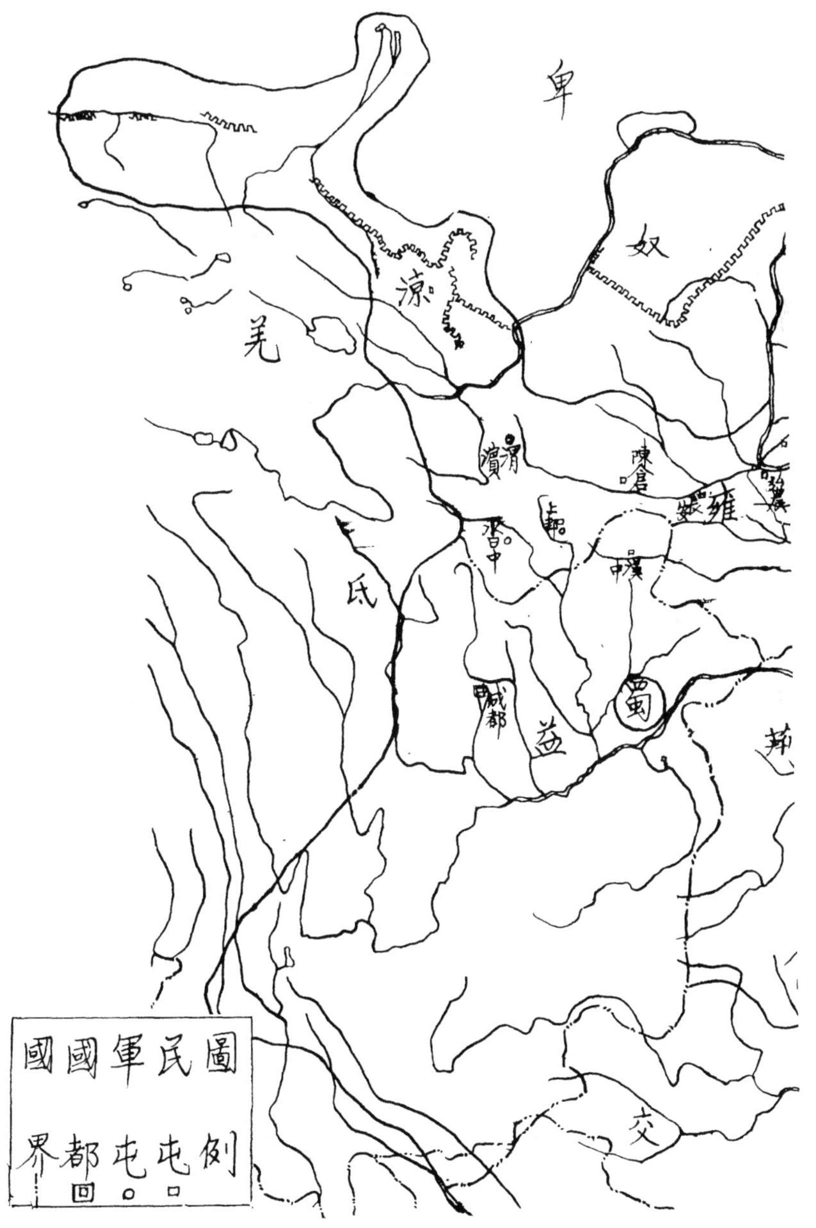

卑
奴
涼
羌
氐
陳倉
雍
上邽
漢中
成都
益
蜀
交
圖例
民屯
軍屯
國都
國界

三國時代的經濟思想與政策

壹、緒　言

三國不但是我國歷史上劇亂的時期，也是我國自古以來政治、社會經濟與學術思想轉變的分界線。

一、就政治情況而言，自從赤壁之戰（建安十三年，西元二〇八），曹操失敗以後，這場戰爭不但粉碎了他的統一計劃，決定了三分形勢，也使我國陷於長期的分裂。因此，自三代以來，由東西對峙的局面遂轉變爲南北分立的局面。（註一）

二、就社會經濟而言，自從漢末以來，北方人士迫於戰爭的威脅，多遷徙到比較安全的南方來，其中尤以五胡亂華、晉室南渡時爲最多。這些人到了南方，正好利用他們進步的生產技術和刻苦耐勞的精神來開發南方蘊藏豐富的處女地。因此，經過屢次的大移民以後，南方經濟便逐漸發達起來，直到隋朝，我國的經濟重心已移向南方，到了唐、宋時代，南北經濟發展的情形遂和古代完全相反了。（註二）

其次，自漢末以來，由於政治的腐敗，戰爭的連年，人口的銳減，土地的荒蕪，直接影響到貨幣使用的退化，以及錢幣鑄造的大減，遂使西漢以來的貨幣經濟逆轉為自然經濟佔優勢的時代了（註三）。

三、就學術思想而言，自漢末以來，讀書人經過兩次黨錮之禍的大屠殺後，使得他們的思想起了激烈的變化。同時，宗教勢力遂佈滿了民間。下至魏、晉，篡奪繼起，內禍頻作，讀書人死在槍刀下的不知道有多少。這對他們心靈上的打擊也是很大的。所以當時有些名士，故意裝聾作啞，寄情酒色，或談莊老，或隱居田園。至此使得儒學也衰微了。總之，玄學清談因而興盛，老莊思想也起而流行，隱遁養生之說，以及佛道二教之學，已經支配了當時的人心（註四）。

我想，在這種政治紊亂，戰爭連年，殺戮不止，人心恐懼與經濟凋敝的大動盪的時代裏，一定有許多問題等待着我們去研究的。這是我研究本問題最初的動機。

其次，我國歷史自秦漢以來，就顯現出一治一亂循環的週期，但在割據的時期（亦即衰亂的時期），全國元氣遭受損傷。這種損傷有沒有代價呢？又統一的時期（亦即承平的時期）之一切設施，是否比割據時期優良呢？這都是研究國史者應深切注意的問題（註五）。本人之所以撰寫此文，即是受了這種意念的影響而引起來的。

復次，關於本問題，前人尚未做過這樣通盤的研究。因此，在下面的討論中，我們首先分析三國屯田政策的歷史背景。其次，研討曹魏和蜀吳實行屯田的狀況與利弊得失。再次，評述當時人農戰的言論與重農思想的特徵及效果。最後為結論。

貳、三國時代强兵足食的屯田政策

一、三國屯田政策的時代背景

(一)漢末以來人口的銳減

天綱弛絕，四海分崩，羣生憔悴，士人播越，兵寇所加，邑無居民，風塵煙火，往往而處，自三代以來，大亂之極，未有若今時者也(註六)。

這種淒慘的情況，完全是漢末以來，政治腐敗，土地兼幷激烈，貨幣貶値，物價暴漲，貴族巨賈互相勾結，剝削百姓，以及災荒頻仍，戰禍連年，和勞役、賦稅繁重造成的(註七)。人民在求生不得的困境下，只有被逼着造反。因而自黃巾亂後，繼有董卓之禍，李傕、郭汜的互攻，與羣雄的混戰，直到三國鼎立，三十餘年間，無一日太平。百姓在兵連禍接的摧殘下，或死於干戈(註八)，或斃於饑饉(註九)，或亡於疾病(註一〇)，或變成流民(註一一)，或淪爲奴隸(註一二)，使得人口銳減(註一三)。當時王粲從長安逃難到荆州，寫了一首七哀詩描述在路上看到的慘狀說：

出門無所見，白骨蔽平原。路有飢婦人，抱子棄草閒；顧聞號泣聲，揮涕獨不還。未知身死處，何能兩相完(註一四)。

建安七年(西元二〇二年)，曹操率軍屯駐在他的祖籍譙(今安徽亳縣)，看到「舊土人民，死喪略盡。國中終日行，不見所識，」（註一五），心中非常難過。又仲長統目擊當時「名都空而不居，百里絕而無民者，不可勝數。」（註一六）的淒涼景象，乃長嘆道：

悲夫！不及五百年，大難三起，中閒之亂，尙不數焉。變而彌猜，下而加酷，推此以往，可及於盡矣（註一七）。

這種民戶減少的現象，僅就魏地而言，自曹丕篡位，到魏明帝晚年（二二〇——二三九），依然沒有增加多少。後漢書郡國志一注引帝王世紀說：

興平、建安之際，海內凶荒，天子奔流，白骨盈野……。及魏武皇帝尅平天下，文帝受禪，人衆之損，萬有一存。

景初年間（明帝年號），蔣濟上疏說：

今雖有十二州，至于民數，不過漢時一大郡（註一八）。

至於吳、蜀兩地，當然也不例外。當蜀亡時，只有二十八萬戶，九十四萬口；吳雖多些，也不過五十三萬戶，二百三十萬口。這與漢代盛世比較起來，實在相差太懸殊了（註一九）。

㈡漢末以來經濟遭受嚴重的破壞

數十年間戰亂頻仍的結果，對於當時社會所產生的影響，除人口的銳減外，全國各地的經濟也遭受嚴重的破壞，不但使廣大的沃野變成荒地，同時也使繁榮的城市化爲廢墟。如初平元年（一九〇），當董卓遷都長安，大駕西往時，洛陽及其附近地區首遭破壞。魏志卷六董卓傳注引續漢書說：

卓部兵燒洛陽城外面百里。又自將兵燒南北宮及宗廟、府庫、民家，城內掃地殄盡。又收諸富室，以罪惡沒入其財物；無辜而死者，不可勝計（註二〇）。

董卓這種强盜的行爲，使得洛陽空虛，數百里中都無煙火（註二一）。至建安元年，獻帝東歸時，仍是「宮室燒盡，街陌荒蕪。」（註二二），直到魏文帝時，洛陽還是「樹木成林，荒蕪不堪」（註二三）。董卓死後，其部將李傕、郭汜互相攻戰，長安與關中地區也遭受到嚴重的破壞。晉書卷二十六食貨志說：

及卓誅死，李傕、郭汜自相攻伐，於長安城中，以爲戰地。是時穀一斛五十萬，豆麥二十萬，人相食啖，白骨盈積，殘骸餘肉，臭穢道路（註二四）。

又後漢書卷七十二董卓傳說：

初，（獻）帝入關，三輔戶口尙數十萬，自傕、汜相攻，天子東歸後，長安城空四十餘日，强者四散，羸者相食，二三年間，關中無復人跡（註二五）。

此外，江淮一帶，也因爲「軍興日久，民離農畔」（註二六），使得「父子夫婦，不聽相邺」（註二七），「士卒凍餒，人民相食」（註二八）。而中原地區，更因長期戰亂，形成一種「生靈版蕩，關洛荒蕪」（註二九）、「百里無煙，城邑空虛，道殣相望」（註三〇）的蕭條景象。

其次，由於漢末以來大規模的戰亂，使得兩漢繁榮的商業也遭受到很嚴重的打擊。許多政治與商業中心的城市在戰亂中橫遭破壞。如上所述，由於人口的銳減，其消費量自然隨着減少，因而對商品的需要便大爲減少了。又由於土地的荒蕪，其生產量自然大減，因而對商品的供給也自然銳減。市場上一般商品的供給與需要既然都大爲減少，交易自然也隨着激劇的減少。這樣一來，商業衰落的現象是無法避免的了（註三一）。

二、曹魏屯田政策的產生與實行

㈠曹魏實行屯田政策的原因

民爲邦本，食爲民天，自古以來，經濟的樞紐完全繫於農業。三國時代，仍然如此。漢獻帝時，人民生活之艱苦異常，都是兵亂相承，糧食減產，不能給養之所致。當時，國民經濟旣遭破壞，國家財政自然十分窘絀。因而獻帝于東歸途中，連衣食都發生了問題，建安元年（一九六），進入洛陽後，因爲宮室燒盡，百官不僅披棘荊而居，甚至餓死在墟巷中。如晉書斠注卷二十六食貨志說：

> 及卓誅死，……帝東歸也……旣至安邑，御衣穿敗，唯以野棗園菜以爲糇糧。……建安元年，車駕至洛陽，宮闈蕩滌，百官披荆棘而居焉。州郡各擁强兵而委輸不至，尙書郎官自出採梠，或不能自反，死於墟巷（註三二）。

此外，由於經濟的破壞，使得羣雄軍糧的供給也極爲困難，無敵自破的很多。袁紹的軍人被迫仰食桑椹，袁術的戰士取給蒲蠃，曹操的軍隊竟雜食人脯。魏志卷一武帝紀建安元年注引魏書說：

> 自遭荒亂，率乏糧穀。諸軍並起，無終歲之計，飢則寇略，飽則棄餘，瓦解流離，無敵自破者不可勝數。袁紹之在河北，軍人仰食桑椹。袁術在江、淮，取給蒲蠃。民人相食，州里蕭條。

又同書卷十四程昱傳注引世語說：

> 初，太祖乏食，昱略其本縣（東郡東阿），供三日糧，頗雜以人脯，……。

曹操志在消滅羣雄，奪取天下。但他在經略四方的過程中，常因軍食不足，遭遇着許多困難。例如興平元年（一九四），他與呂布戰於濮陽（今河南濮陽），時値蝗蟲起，百姓大饑，兩軍糧食皆盡，乃各自引去（註三三）。袁紹遂遣使來說，意圖連和。操因爲新失兗州，軍食又盡，將要答應，後因程昱進言乃止。當時糧價高漲，穀一斛五十餘萬錢，人相食，不得已乃罷去新募的吏兵（註三四）。又魏志卷十五賈逵傳注引魏略列傳說：

興平末，人多飢窮，（楊）沛課民益畜乾椹，收䔩豆，閱其有餘以補不足，如此積得千餘斛，藏在小倉。會太祖爲兗州刺史，西迎天子，所將千餘人皆無糧。過新鄭，沛謁見，乃皆進乾椹。太祖甚喜。

又同書卷十荀彧傳說：

太祖保官渡，紹圍之。太祖軍糧方盡，書與彧，議欲還許以引紹。彧曰：「今軍食雖少，未若楚、漢在滎陽、成皋閒也。是時劉、項莫肯先退，先退者勢屈也。……」太祖乃住。……（建安）六年，太祖就穀東平之安民，糧少，不足與河北相支，欲因紹新破，以其閒擊討劉表。

又同書卷九夏侯淵傳說：

太祖起兵，……時軍食少，淵傳饋相繼，軍以復振（註三五）。

社會學者認爲人在社會中所感受的刺激與所表現的反應，都要看各人人格特質的性質，及與刺激過去的關係，和當時的社會情境而定（註三六）。當時在羣雄之中，以「少機警，有權數」，（註三七）與「應變無窮」（註三八）的曹操所受的缺乏軍糧的刺激最深，而他又極欲成大業（註三九），所以他深刻地瞭解「欲戰必先算其費」（註四〇），「是故軍無輜重則亡，無糧食則亡，無委積則亡（註四一），當兵疲，力困，財匱之時，敵方若乘其罷弊，起兵襲擊，則縱有智能之人，也是不能防其後患的（註四二）。同時也使他深刻地體驗到法家農戰主張的重要。他認為要消滅羣雄，擴張領土，統一天下，必先强兵；要强兵，必先求國富；要國富，必先重農。如商鞅所說：

> 凡人主之所以勸民者，官爵也。國之所以興者，農戰也。……國待農戰而安，主待農戰而尊（註四三）。

又說：

> 國無敵者彊，彊必王，……民不逃粟，野無荒草，則國富，國富者彊。……按兵而農，粟爵粟任則國富，兵起而勝敵，按兵而國富者王（註四四）。

管子也說：

> 夫富國必粟生於農，故先王貴之。……民事農則田墾，田墾則粟多，粟多則國富，國富者兵强，兵强者戰勝，戰勝者地廣（註四五）。

此外，曹操又鑒於漢武帝實行屯田的效果，他深知在當時的情況下，務農之法，以實行屯田最為理想。所以他說：

> 夫定國之術，在於强兵足食。秦人以急農兼天下，孝武以屯田定西域，此先代之良式也（註四六）。

現在我們看來，曹操之實行屯田政策是非常適合當時的社會經濟環境要求的。

（甲）古今中外，各國農民經營農業的方式互不相同。如就農場的規模論，有大農場經營與小農場經營的分別。就耕作集約度言，有集約與粗放的差異。再就生產因素的配合上說，有的多用勞動力而少用資本，也有的節省勞動力而重用資本。決定這種種不同的農場經營方式，最基本的因素就是農人與耕地的數量比例。因此，在人少地多的國家或地區，以大農場經營制與粗放耕作最適宜（註四七）。當時在曹操佔領的地區裏，皆是「土廣民稀」無主的荒地。所以他能夠沒收作爲公田（註四八），以推行大農場經營制，迅速的解決軍糧問題。

（乙）在當時「土廣民稀」的情況下，要想迅速而有效的解決嚴重的糧荒，充實財力與戰力，以消滅羣雄，首先在農業生產方面，必須講求經濟效率。換句話說，就是要充分發揮人力，將土地作最經濟的使用，使其能生產最多的糧食（註四九）。而屯田政策，就是在當時最能夠發揮人力，最能使地盡其利的一種理想的生產措施。因爲一種經濟政策的提出，不但要針對所要解決的問題，而且還要考慮到問題所發生的時間與空間（註五〇）。

（丙）秦漢以來，新的貴族（世族）經過長期的發育和長成，到東漢時，已對當時的政治、經濟、社會發生很大的影響（註五一）。漢末，天下大亂，盜賊紛起，强宗豪族或聚集宗族賓客，修築城堡以自衛，或率領黨徒部曲，割據郡縣，爭城奪地。當時，人民流散，土地無主，因而多被豪族兼幷。人民爲了保存自己的生命起見，往往背鄉離井，投靠於塢堡之中，在塢主的保護下，租借田地，從事耕種，而以剩餘的勞動力貢獻給塢主。三國時代，兵禍連年，徭役繁重，人民爲了逃脫徭役，並鑒於依附豪族的人獲有免役的權利，所以怕充當徭役的人多欲投靠豪族，求其廕庇，而變成了他們的領戶。這樣一來，國家的編戶不但相對的減少了，而租稅兵員也隨着減少了。我們知道，土地是古代經濟的基礎，戶口是古代稅役的源泉（註五二），曹操旣志在消滅羣雄，統一天下，又深知「民爲邦本，本固邦寧」的古訓，所以當他的政權初步鞏固之後，便毅然實行屯田政策，一方面藉此奪取塢主的領戶，阻止他們勢力的擴展；一方面藉此安固人民，使他們從事農耕，以達到强兵足食的目的。

㈡曹魏實行屯田政策的狀況

古今中外，任何政策的提出都是想來解決問題的（註五三）。而屯田政策也是如此。在此先說明屯田的釋義及其產生的由來，然後陳述曹魏推行屯田的槪況與績效。

所謂「屯田」，今人的解釋爲：「屯」是駐戍的意思，「田」是指耕種。所以「屯田」實兼含軍事與生產的兩項要素。從它原始立意上看，「屯田」乃是於邊疆地區，將軍事任務與生產任務，在組織上結合爲一體，以適合邊疆軍事活動的需要的一種辦法。不過，由於屯田者的身份不同，所以屯田又可以分爲農兼軍的「民屯」與兵營田的「軍屯」兩種。民屯就是對移居邊疆的人民，除使其能生產自給外，平時亦予以組織，授以戰法，以備寇敵。軍屯就是使戍守邊疆的軍隊，就地生產，以減少對後方供應的依賴。屯田之有這兩種方式，乃是方法運用上的差別，目的則仍相同，都是爲了適合邊疆軍事活動的需要（註五四）。

從秦末到漢初的幾十年間，匈奴在冒頓單于的統治下，征服了北方諸游牧民族（註五五），勢力空前的强大，擁有控弦之士三十萬。他們連年入侵（註五六），漢代北方邊郡的人民和財物，都變成他們隨時掠奪的對象，這不但形成漢代嚴重的邊患，更直接威脅着中國的生存。自漢高祖平城之辱以後，朝廷對匈奴雖一直採取忍讓的和親政策，但北方邊境仍然不斷的遭受着日益驕縱的匈奴的侵擾。漢文帝時，由於社會經濟逐漸繁榮，政權也漸趨穩定，乃使他從和親的幻想中覺悟過來，走向以力量對抗力量的道路。文帝十一年（前一六九），他採納晁錯的建議，募民耕戍塞下，是爲農兼軍民屯的開始。到武帝太初、天漢間（前一〇四——九七），置校尉屯田渠犂，於是始有屯田之名。武帝並且對屯田的運用作了重大的改變，他把軍屯與民屯配合起來，使屯田由守勢轉變爲攻勢，而發揮出了它的積極的功效。這不僅導致武帝光輝燦爛的成功，而它（屯田）在漢代開邊史上也放射出的兩道光芒，將永遠照耀着後代（註五七）。

漢末以來，「天下大亂，豪傑並起，在倉卒之際，彊弱未分，故人各各有心耳。當此之時，家家欲爲帝王，人人欲爲公侯。」（註五八）在這種情況下，曹操要克敵制勝，必須憑藉强大的軍力。但强兵必先足食，如上所述，曹操時因缺乏軍糧，難以制敵，於是他的謀臣策士運用智慧的結果，後來提出了解決的辦法，那就是屯田政策（註五九）。而這種政策又分爲民屯與軍屯兩種。在此先說民屯。

三國屯田政策的實行，開始於建安元年（一九六）。魏志卷十六任峻傳說：

> 是時歲飢旱，軍食不足，羽林監潁川棗祗建置屯田。

又同書卷九夏侯惇傳注引魏書說：

> 時大議損益，（韓）浩以爲當急田。太祖善之，遷護軍。

所以同書卷一武帝紀說：

> 建安元年，……是歲用棗祗、韓浩等議，始興屯田。

又晉書斠注卷二十六食貨志也說：

漢自董卓之亂，百姓流離，穀石至五十餘萬，人多相食。魏武既破黃巾，欲經略四方，而苦軍食不足，羽林監潁川棗祗建置屯田。……於是以任峻爲典農中郎將，募百姓屯田許下，得穀百萬斛（註六〇）。

自從棗祗、任峻興利以後，「於是州郡例置田官」（註六一），廣開屯田。今將推行屯田的概況列表如下：

甲、曹魏民屯表

時代	建議人	承辦人	實行年月	地區	今地	民屯的用意與效果	史料來源	備註
漢獻帝	棗祗、韓浩	典農中郎將任峻	建安元年（一九六）	許下	河南許昌縣	魏武既破黃巾，欲經略四方，而苦軍不足，羽林監潁川棗祗建置屯田議。……於是以任峻爲典農中郎將，募百姓屯田許下，得穀百萬斛。	晉書斠注卷二十六食貨志（藝文版，頁五七六（下））	另見魏志卷一武帝紀及同書卷十六任峻傳注引魏武故事
	曹操	司空掾屬國淵	建安中			太祖欲廣置屯田，使淵典其事，淵屢陳損益，相土處民，計民置吏，明功課之法，五年中倉廩豐實，百姓競勸樂業。	魏志卷十一國淵傳頁三三九	
		揚州刺史劉馥	建安十三年（二〇八）以前	合肥	安徽合肥縣	（劉）馥既受命，單馬造合肥空城，數年中恩化大行，百姓樂其政，流民越江而歸者以萬數，於是聚諸生，立學校，廣屯田，……官民有蓄。	魏志卷十五劉馥傳，頁四六三。	另見晉書斠注卷二十六食貨志頁五七七上，又三國志集解注曰御覽茹作茹

曹操			建安十四年（二〇九）	芍陂	安徽壽縣南	十四年秋七月，自渦入淮，出肥水，軍合肥。……置揚州郡縣長吏，開芍陂屯田。	魏志卷一武帝紀，頁三二。
	并州刺史梁習	梁習	建安十八年（二一三）	上黨	山西長治	又使於上黨取大材供鄴宮室。習表置屯田都尉二人，領客六百夫，於道次耕種菽粟，以給牛人之費。後單于入侍，西北無虞，習之績也。	魏志卷十五梁習傳，頁四六九。
		倉慈	建安中（一九六—二一九）	淮南	安徽境內	太祖開募屯田於淮南，以慈爲綏集都尉。	魏志卷十六倉慈傳，頁五一二。
		鄭渾	建安中	漢中	陝西南鄭一帶	太祖征漢中，以渾爲京兆尹。……及大軍入漢中，運轉軍糧爲最。又遣民田漢中，無逃亡者，太祖益嘉之，……	魏志卷十六鄭渾傳，頁五一一。
魏文帝			黃初中（二二〇—二二六）	譙	安徽亳縣	（文）帝以譙舊鄉，故大徙民充之，以爲屯田。	魏志卷二十二盧毓傳，頁六五一。
	梁、譙二郡太守盧毓	盧毓	黃初中	梁國		而譙土地墝瘠，百姓窮困，毓愍之，上表徙民於梁國就沃衍，失帝意。雖聽毓所表，心猶恨之，……。	同上
		盧毓	黃初中	睢陽	安徽壽縣治	遂左遷毓，使將徙民爲睢陽典農校尉。毓心在利民，躬自臨視，擇居美田，百姓賴之。	同上

		王昶	黃初中	洛陽	河南洛陽	文帝踐阼，……（王昶）為洛陽典農。時都畿樹木成林，昶斫開荒萊，勤勸百姓，墾田特多。	魏志卷二十七王昶傳，頁七四四。	
		徐邈	黃初中	潁川	河南禹縣	文帝踐阼，（徐邈）……，歷……潁川典農中郎將，所在著稱，……。	魏志卷二十七徐邈傳，頁七三九—七四〇。	
明帝		涼州刺史徐邈	太和二年（二二八）？	涼州	甘肅武威縣治，即河西走廊一帶。	河右少雨，常苦乏穀，邈上脩武威、酒泉鹽池以收虜穀，又廣開水田，募貧民佃之，家家豐足，倉庫盈溢。	同上	據通鑑所載似在此年。
齊王芳	司馬懿		嘉平四年	上邽	甘肅天水	關中饑，宣帝表徙冀州農夫五千佃上邽，興京兆、天水、南安鹽池以益軍費。	晉書斠注卷二十六食貨志，頁五七八（上）。	

除上表所列舉者外，當時在鄴（河南臨漳縣西）、弘農（河南靈寶）、河東（山西聞喜）、河內（河南武陟縣西南）、汲郡（河南汲縣）、襄城（河南襄城）、魏郡（河南臨漳縣西南）、野王（河南沁陽）、沛（安徽宿縣）、列人（河北肥鄉縣東北）、長安（陝西西安西北）、陳倉（陝西寶鷄）（註六二）等地均置有專司農事的官吏，由此可知，自然亦必有屯田事。

除民屯外，尚有軍屯。當時建議曹操積極施行軍屯的為司馬懿。晉書斠注卷一宣帝本紀說：

魏國既建，……（司馬懿）遷為軍司馬，言於魏武曰：「昔箕子陳謀，以食為首。今天下不耕者，蓋二十餘萬（年），非經國遠籌也。雖戎甲未卷，自宜且耕且守。」魏武納之，於是務農積穀，國用豐贍（註六三）。茲列表於下：

乙、曹魏軍屯表

時代	建議人	承辦人	實行年月	地區	今地	軍屯的用意與效果	史料來源	備註
漢獻帝		陳留太守夏侯惇	興平元年（一九四）	陳留濟陰		時大旱，蝗蟲起，惇乃斷太壽水作陂，身自負土，率將士勸種稻，民賴其利。	魏志卷九夏侯惇傳，頁二六八。	
		謝奇、朱光	建安中	皖	安徽潛山縣治	魏使廬江謝奇爲蘄春典農，屯皖田鄉，數爲邊寇。曹公遣朱光爲廬江太守，屯皖大開稻田。	吳志卷九呂蒙傳，頁一二七七	
魏明帝	大將軍司馬懿	司馬懿	太和五年（二三一）	上邽	甘肅天水	諸葛亮寇天水，……天子曰：「西方有事，非君莫可付者。」乃使帝西屯長安，都督雍、梁二州諸軍事；……皆言，明年麥熟，亮必爲寇；隴右無穀，宜及冬豫運。……於是表徙冀州農夫佃上邽，興京兆、天水、南安監治。靑龍元年（二三三），穿成國渠，築臨晉陂，漑田數千頃，國以充實焉。	晉書斠注卷一宣帝本紀，頁二十九（上）—三〇（下）	
	度支尚書司馬孚		太和中（二二七—二三二）	上邽	甘肅天水	孚……又以爲關中連遭賊寇，穀帛不足，遣冀州農丁五千屯於上邽，秋冬習戰陣，春夏脩田桑。由是關中軍國有餘，待賊有備矣。	晉書斠注卷三十七司馬孚傳，頁六六〇（上）	

齊王芳	尚書郎鄧艾	鄧艾	正始二年（二四一）	淮北淮南		時欲廣田畜穀，為滅賊資，使艾行陳、項已東至壽春。艾……又以為：「昔破黃巾，因為屯田，積穀于許都以制四方。今三隅已定，事在淮南，每大軍征擧，運兵過半，功費巨億，以為大役。陳、蔡之間，土下田良，可省許昌左右諸稻田，并水東下。令淮北屯二萬人，淮南三萬人，……且田且守。水豐常收三倍於西，計除衆費，歲完五百萬斛以為軍資。六七年間，可積三千萬斛於淮上，此則十萬之衆五年食也。以此乘吳，無往而不克矣。」宣王善之，事皆施行。正始二年，乃廣開漕渠，每東南有事，大軍興衆，汎舟而下，達于江、淮，資食有儲而無水害，艾所建也。	魏志卷二十八鄧艾傳，頁七七五—七七六	晉書斠注卷二十七食皆志稱，此事在正始四年（二四三）。又通典食貨典稱事在此年。
	征東將軍胡質	胡質	正始二年（二四一）	青州徐州		遷征東將軍，假節都督青、徐諸軍事。廣農積穀，有兼年之儲，置東征臺，且佃且守。又通渠諸郡，利舟楫，嚴設備以待敵。海邊無事。	魏志卷二十七胡質傳，頁七四二—七四三	
	征南將軍王昶	王昶	正始中	新野	河南新野縣南	昶以為國有常衆，戰無常勝；地有常險，守無常勢。今屯宛，去襄陽三百餘里，諸軍散屯，船在宣池，有急不足相赴，乃表徙治新野，習水軍于二州，廣農墾殖，倉穀盈積	魏志卷三十七王昶傳，頁七四八—七四九	

從上表看來，曹魏要想富國强兵，對抗蜀、吳，進而統一天下，必須先從經濟建設，恢復糧食生產着手，於是便大規模的實行屯田，而且民屯與軍屯同時進行。

在民屯方面，係在內地選擇土壤肥沃，灌漑便利的地區，招募佃農（屯田客），積極的從事農業生產。例如潁川、魏郡、鄴、汲郡、河東、沛、洛陽、梁國和睢陽一帶。有時在交通線附近，爲供給交通上所需要的糧食，也特別設置屯田，例如修建鄴都宮室之時，曾「於上黨取大材」，就特別『設置屯田都尉二人，領客六百夫，耕種菽粟，以給人牛之費。」又如弘農，土地並不十分肥沃，水利亦不方便，但爲從魏都西至長安所必經的路線，因而也設置屯田或典農校尉。總之，因爲大亂之後，荒地很多，所以民屯十分普遍。

在軍屯方面，係在邊疆選擇軍事險要的地區，或大軍必經的路線，同時也是遠征軍賴以運輸糧食的根據地，使士兵且田且守，以待時變。例如兩表中所列的皖、上邽、淮北淮南、許、芍陂、漢中、長安、新野等地（註六四）。因爲在三國之中，以土地、人口和實力而論，都是魏佔優勢，似乎不易形成三方鼎峙的局面，但由於蜀、吳聯合以抗魏，始造成一種均衡的局勢。因而使得曹魏不僅在秦隴地區和蜀漢對峙，而在淮河流域又與東吳抗衡，所以在這兩方面的軍屯都十分積極。他們一方面戍守邊疆，以防備敵軍的侵襲，一方面又必須開墾荒地，生產糧食，免除千里餽餉的勞苦。例如司馬懿鎮守關中與鄧艾屯兵淮河流域時，都曾廣開屯田，尤以鄧艾的軍屯貢獻最大。這點容後再述。

其次，關於曹魏實行屯田的辦法，先就民屯來說，如前所述，三國時期，因爲人口流亡與土地的荒蕪，州郡領民的租稅不可依靠，政府只得自己設法經營屯田（註六五），但當時勞動力非常缺乏，所以最初採用徵調的辦法，往往強迫農民遷移到屯田的地區，從事生產。但農民有安土重遷的習性，逼不得已，有誰肯背鄉離井遠徙他方呢？故時有逃亡之事。後來只好改用招募貧民佃作的方式。如魏志卷十一袁渙傳說：

（袁渙）拜爲沛南部都尉。是時新募民開屯田，民不樂，多逃亡。渙白太祖曰：「夫民安土重遷，不可卒變，易以順行，難以逆動，宜順其意，樂之者乃取，不欲者勿彊。」太祖從之，百姓大悅。

凡耕種國有土地的農民稱爲屯田客，或稱典農部民（註六六）。政府管理民屯的農官分爲典農中郎將、典農校尉和典農都尉三類（註六七）。有屯田的大郡置典農中郎將，小郡置典農校尉，有屯田的縣置典農都尉。典農都尉又稱爲屯田都尉，他的官階雖與令長相等，但與典農校尉同樣均不受郡守管轄（註六八）。此因典農這種官職直隸於大司農的緣故。（註六九）凡屯田不多的郡，郡守則兼任典農校尉。例如傅玄在曹魏時做弘農太守，曾兼領典農校尉（註七〇）。這樣一來，在農官的管制下，將漢末大亂以來的人力、耕牛、農具和土地等，都加以編制起來，特別是屯田客的勞動力，完全被軍法所控制，而成了國家的領客。（註七一）再從晉初咸寧初年，使用奴婢「代田兵種稻」時，也是「奴婢各五十人爲一屯，屯置司馬，使如屯田法（註七二）的情況看來，可以推知當時應募的百姓，也是如屯田法，是用軍法來管理的。

至於軍屯，如前所述，軍戶一方面要戍守邊疆以防敵軍的襲擊；一方面則就地從事農耕，以減少對後方供應的依賴。他們和屯田客一樣也是耕種着國家的土地。其編制則是五里置一營，每營六十人。最好的例子則爲鄧艾的軍屯兩淮。晉書斠注卷二十六食貨志說：

正始四年（二四三），宣帝（司馬懿）又督諸軍伐吳將諸葛恪，焚其積聚，恪棄城遁走。帝因欲廣田積穀，爲兼幷之計，乃使鄧艾行陳項以東，至壽春地。艾以爲田良水少，不足以盡地利，宜開河渠，可以大積軍糧，又通運漕之道；乃著濟河論，以喻其指。又以爲昔破黃巾，因爲屯田，穀積許都，以制四方。今三隅已定，事在淮南。每大軍征舉，運兵過半，功費巨億，以爲大役，陳蔡之閒，土下田良，可省許昌左右諸稻田，幷水東下，令淮北二萬人淮南三萬人分休，且佃且守，水豐常收，三倍於西，計除衆費，歲完五百萬斛。以爲軍資。六七年閒，可積三千萬餘斛於淮土。此則十萬之衆，五年食也。以此乘敵，無不剋矣。宣帝善之，皆如艾計施行，遂北臨淮水，自鍾離而南，橫石以西，盡沘水四百餘里，五里置一營，營六十人，且佃且守。兼修廣淮陽，百尺二渠，上引河流，下通淮潁，大治諸陂，于潁南潁北穿渠三百餘里，漑田二萬頃，淮南淮北，皆相連接，自壽春到京師，農官兵田，鷄犬之聲，阡陌相屬，每東南有事，大軍出征，汎舟而下，達于江淮，資食有儲，而無水害，艾所建也。

從這一段記載中，可知當時所採取的爲「十二分休」的辦法。就是十二分人中有十一分的人去耕種，而輪流屯守的人只有一分，耕作的力量眞可不小了。有人認爲何以知道「田」與「守」的人的比例，爲十一比一，而不是一比十一，則是由「歲完五百萬斛」一語，和當時的生產實在情形推算的（註七三）。其次，這種屯田的收入，除了衆費之外，其餘完全歸入國家，充作軍資，所以屯田的士兵，雖然替政府生產了許多糧食，但他們自己的生活，不但沒有改善，甚至連親生子女都因無法撫養而遺棄了（註七四）。這種情況，完全是過重的佃租所造成的。

復次，關於屯田客繳給國家的佃租額，晉武帝時人傅玄認爲是很合理的。他說：

又舊，兵持（用）官牛者，官得六分，士得四分；自持私牛者，與官中分；施行來久，衆心安之（註七五）。

此外，在五胡亂華期中，慕容皝的記事參軍封裕也認爲是很好的辦法。他說：

魏晉雖道消之世，猶削百姓不至於七八，持官牛田者，官得六分，百姓得四分，私牛而官田者，與官中分，百姓安之，人皆悅樂（註七六）。

當興立屯田時，對於佃租額的規定，似乎各方面都注意到耕作能力的問題，所以「時議者皆言當計牛輸穀」（註七七）這是因爲牛在大亂之後，不但特別少，而在能從事農作畜牲中，牛又是最重要的緣故。因而人們都主張「計牛輸穀」，以適應耕作能力（註七八）。此外，又想規定水旱減免，以減輕屯田客的負擔。但屯田制度的創議人棗祗反對這種辦法，認爲這樣對於政府不便。他主張根據屯田客所用的牛，是官牛，還是私牛，以規定分有收穫物的比例。其辦法已如傅玄所說，持官牛者，官得六分，民得四分，持私牛者與官中分。他這是把漢代以來，「或耕豪民之田，見稅什五」（註七九）很重的私租制度，應用到政府的制度之中，所以當時屯田客的負擔可說已是很重的了。然傅玄何以說「施行來久，衆心安之」呢？這有兩種解釋：第一、因爲屯田客（典農部民）依法得免除兵役和徭役，可以專業耕作；至於屯田的士兵既然在服兵役，當然也無須服役了（註八〇）。第二、就當時實際的情況而言，未必是「衆心安之」，只是力倡減輕佃租與薄賦稅省徭役的傅玄要請求增加士分罷了（註八一）。

至於屯田客所耕種的田地，沒有一定畝數的限制，凡能耕多少田，就可以受多少田。政府只要求他們盡力耕種（註八二）。

復次，再說曹魏的水利灌溉政策。

我國古代的農業是依賴雨水的，如果風不調雨不順，農業便遭受嚴重的破壞，往往使一望無際的膏壤沃野變成沙田或池沼。所以先民從長期的體驗中，深知水利灌溉對於農業的生產力有極大的貢獻，遠在戰國以來，他們已於黃河上游大興水利。例如在河南北部，史起利用漳水灌溉的結果，使原來不宜於生產的鹼苦之地，一變而爲稻粱的重要產區。又如秦開鄭國渠的結果，使關中四萬餘頃沼澤鹼苦之地得到充分水量的灌溉，生產量至爲豐富。「故關中之地，於天下三分之一，而人衆不過什三；然量其富，什居其六」（註八三）。由此可知，水利灌溉對於我國北方黃土生產力的關係是多麽密切了（註八四）。所以曹魏在推行屯田之時，並竭力實施水利灌溉政策。例如除上述鄧艾軍屯兩淮，曾大興水利外，又如夏侯惇爲陳留、濟陰太守，劉馥爲揚州刺史，賈逵爲豫州刺史，顏斐爲京兆太守，鄭渾爲沛郡太守，徐邈爲涼州刺史，皇甫隆爲敦煌太守，司馬孚爲野王典農中郎將以及劉靖都督河北軍事時，也都大修水利，故晉書斠注卷二十六食貨志敍他們與修陂堨，廣開水田的經過與效果說：

於是魏武……又以沛國劉馥爲揚州刺史，鎭合肥，廣屯田，修芍陂、茹陂、七門、吳塘諸堨，以溉稻田，公私有蓄，歷代爲利。賈逵之爲豫州，南與吳接，修守戰之具，堨汝水，造新陂，又通運渠三百餘里，所謂賈侯渠者也。當黃初中，四方郡守墾田又加，以故國用不匱，……鄭渾爲沛郡太守，郡居下溼，水澇爲患，百姓饑乏。渾於蕭、相二縣，興陂堨，開稻田，郡人皆不以爲便。渾以爲終有經久之利，遂躬率百姓興功，一冬皆成，比年大收，頃畝歲增，租入倍常。郡中賴其利，刻石頌之，號曰鄭陂。魏明帝世，徐邈爲涼州，土地少雨，常苦乏穀。邈上修武威、酒泉鹽池，以收虜穀。又廣開水田，募貧民佃之，家家豐足，倉庫盈溢，及度支州界軍用之餘，以市金錦犬馬，通供中國之費，西域人入貢，財貨流通，皆邈之功也。其後，皇甫隆爲敦煌太守，敦煌俗不作耬犁及不知用水；人牛功力既費，而收穀更少。隆到乃教作耬犁，又教使灌溉，歲終率計，所省庸力過半，得穀加五，西方以豐。嘉平四年（二五二），關中饑，宣帝表徙冀州農夫五千人佃上邽，興京兆、天水、南安鹽池，以益軍實。青龍元年（二三三），開成國渠，自陳倉至槐里，築臨晉陂，引汧、洛溉舃鹵之地三千餘頃，國以充實焉。

此外，如司馬孚所造的沁水石門，也是當時著名的水利工程之一。晉書斠注卷三十七安平獻王孚傳注引水經沁水注說：

沁水南逕石門，石門是晉安平獻王司馬孚之爲魏野王典農中郎將之所造也。案其表云：『臣孚言，臣被明詔興河內水利，臣既到，檢行沁水源出銅鞮山，屈曲周迴，水道九百里，自太行以西，王屋以東，層巖高峻，天時霖雨，衆谷走水，小石漂迸，木門朽敗，稻田泛濫，歲功不成。臣輒案，行去堰五里以外，方石可得數萬餘枚。臣以爲累方石爲門若天賜旱，增堰進水，若天霖雨，陂澤充溢，則閉防斷水，空渠衍澇，足以成河。雲雨由人，經國之謀，暫勞永逸。聖王所許，願陛下特出臣表，勑大司農府，給人工，勿使稽延，以贊時要，……』於是夾岸累石，結以爲門，用代木門枋。

又魏志卷十五劉馥傳說：

馥子靖，後遷鎮北將軍，假節都督河北諸軍事。……又修廣戾陵渠大堨，水溉灌薊南北；三更種稻，邊民利之。

又同書卷九夏侯惇傳說：

惇……復領陳留、濟陰太守，……時大旱，蝗蟲起，惇乃斷太壽水作陂，身自負土，率將士勸種稻，民賴其利（註八五）。

總之，曹魏自實行屯田政策後，又努力經營灌溉事業的結果，在不取償的方式下，聚積了許多穀物，它的效果自很容易迅速的顯現出來。如魏志卷十六任峻傳說：

是時歲饑旱，軍食不足，羽林監潁川棗祗建置屯田，太祖以峻爲典農中郎將，（募百姓屯田於許下，得穀百萬斛，郡國列置田官），數年中所在積粟，倉廩皆滿。……軍國之饒，起於棗祗而成於峻。

又任峻傳注引魏武故事，曹操盛稱棗祗的功績說：

當興立屯田，時議者皆言當計牛輸穀，佃科以定。施行後，祗白以爲僦牛輸穀，大收不增穀，有水旱災除，大不便。反覆來說，孤猶以爲當如故，大收不可復改易。祗猶執之，……孤乃然之，使爲屯田都尉，施設田業。其時歲則大收，後遂因此大田，豐足軍用，摧滅羣逆，克定天下，以隆王室。祗興其功，……。

又同書卷一武帝紀注引魏書說：

是歲乃募民屯田許下，得穀百萬斛。於是州郡例置田官，所在積穀。征伐四方，無運糧之勞，遂兼滅羣賊，克平天下。

總括上文，可知曹魏的屯田不但成了政府的主要財源，而且也成了克敵的經濟條件，甚至成爲敵人破壞的目標，這表示着大農經營在災亂之後有怎樣的重要性啊（註八六）。

㈢曹魏屯田政策的破壞

從上看來，曹魏推行屯田政策的成效，雖然已使它成爲三國中最富强的國家，但自曹操死後，這種制度已逐漸衰敗，降至西晉時則完全廢止。其主要原因，約有下列兩點：

㈠屯田戶佃租與徭役的繁重，導致了屯田制的衰敗：我們知道，漢代私家的田租，大約是平分的，所謂「或耕豪民之田，見稅什五」（註八七）。曹魏時，屯田者所納的地租率，則是「兵持官牛者，官得六分，士得四分；自持私牛者，與官中分」（註八八）。由此可知，當時用官牛的，已不止「見什稅五」了。直到晉武帝泰始四年（二六八），傅玄上疏時，政府所分的又提高了兩成，卽士分已減少到「持官牛者，官得八分，士得二分；持私牛及無牛者，官得七分，士得三分」（註八九）了。屯田客在這種重租壓力下，有的是「面有饑色，衣或短褐不完」（註九〇），「屯田貧兵，亦多棄子」（註九一）。屯田戶已經窮困到這種地步，政府不但不設法減輕他們的負擔，反而額外增加他們的徭役（註九二）。因此，屯田戶在重稅與繁征的壓迫下，實不堪命，遂起來反抗或逃亡（註九三）。此外，加以豪族的佔據屯田（註九四）等原因，終於形成屯田制的瓦解。

㈡勞力、土地與資本物的配合比例失調，以致生產量大減。我們知道，如果人地比例過高，農民太多，農地太少，其結果固然會造成農民的貧窮。但相反的，如果農地太多，勞力太少，而耕種技術和品種等都沒達到科學標準，而土地的生產力也必會降低的。當曹魏屯田的初期，無論軍屯或民屯，每人所受的田都沒有一定的畝數，凡能耕種多少田的，就可以受多少田（註九五），「故白田收至十餘斛，水田收數十斛」（註九六）。降至晉初，政府則「日增田頃畝之課」（註九七），但因勞力的不足，遂使生產量大減，甚至「或不足以償種」（註九八），至此使得政府已無利可圖了。因而當晉武帝滅吳以後，屯田制遂爲占田制所代替。

總之，基於上述的原因，於魏元帝咸熙元年（二六四），爲了平均政役起見，乃令「罷屯田官，諸典農皆爲太守，都尉皆爲令長」（註九九）。但這項詔令似尚未及實行，魏國就滅亡了。所以直到晉武帝泰始二年（二六六），又令「罷農官爲郡際」（註一〇〇），從此民屯之制始完全廢止。只因當時東吳尚未滅亡，所以淮水流域一帶的軍屯依然存在，直到太康元年（二八〇），平吳以後，始完全廢除軍屯制，結束了自曹操以來盛行一時的屯田制度。然而這種制度自漢至淸，歷代都沒有間斷過，它在軍事上與墾殖事業上都開創了一種嶄新的局面（註一〇一）。

三、蜀漢與東吳的屯田政策

當時蜀漢與東吳也因爲實際上的需要，並鑒於曹魏實行屯田政策的效果良好，乃相繼實行屯田。今列表如下：

甲、蜀漢、東吳實行屯田表

國別	時代	屯田類別	建議人	承辦人	實行年月	地區	今地	屯田的用意與效果	史料來源	備註
蜀漢	後主	軍屯	丞相諸葛亮	諸葛亮	建興十二年春，即魏明帝青龍二年春（二三四）	渭濱	甘肅隴西縣西南	亮悉大衆由斜谷出，以流馬運，據武功五丈原，與司馬宣王對於渭南。亮每患糧不繼，使己志不申，是以分兵屯田，爲久駐之基，耕者雜於渭濱居民之間，而百姓安堵，軍無私焉。	蜀志卷五諸葛亮傳，頁九二五。	其本傳頁九三一云：「青龍二年春，亮帥衆出武功，分兵屯田，爲久駐之基。」此本爲一件事，唐啓宇著歷代屯墾研究乃指爲兩件事。
		軍屯	大將軍姜維	姜維	景耀五年（二六二）	沓中	甘肅臨潭縣西南	維率衆出漢，侯和爲鄧艾所破，還住沓中，求沓中種麥，以避內逼耳。	蜀志卷十四姜維傳及注引華陽國志，頁一〇六五—一〇六六。	
東吳	將軍孫權	民屯		屯田都尉		海昌	江蘇東海縣	縣連年亢旱，遜開倉穀以振貧民，勸督農桑，百姓蒙賴。	吳志卷十三陸遜傳，頁一三四三。	
				新都都尉陳表、吳郡都尉顧承	赤烏中（二三八—二五〇）	毗陵		諸郡出部伍，新都都尉陳表、吳郡都尉顧承各率所領人會佃毗陵，男女各數萬口。表病死，權以融代表，後代父瑾領攝。	吳志卷七諸葛融傳注引吳書，頁一二三六	晉書斠注卷十五下地理志云：「吳分會稽、無錫已西爲屯田，置典農校尉。」

				溧陽	兩漢舊縣。宋志曰：「吳省為屯田，晉武帝太康元年（二八〇）復立。」	晉書斠注卷十五，下地理志，頁三六六（下）。
				江乘	兩漢舊縣。宋志曰：「吳省為典農都尉，晉武帝太康元年（二八〇）復立。」	同右
				湖熟	宋志曰：「吳省為典農都尉，晉武帝太康元年（二八〇），復立。」	同右
吳主權	軍屯	上大將軍陸遜	黃武五年（二二六）	江淮	是時陸遜以所在少穀，表令諸將增廣農畝。權報曰：「甚善。今孤父子親自受田，車中八牛以為四耦，雖未及古人，亦欲與衆均等其勞也。」	吳志卷二，吳主權傳，頁一一三二
	軍屯		嘉禾四年春（二三五）即魏明帝青龍三年	江北	青龍三年春，權遣兵數千家佃於江北（孫）。至八月，（滿）寵以為田向熟，男女布野，其屯衛兵去城數百里，可掩擊也。遣長吏督三軍循江東下，摧破諸屯，焚燒穀物而還。詔美之，因以所獲盡為將士賞。	魏志卷二十六，滿寵傳，頁七二五
	軍屯	廬江太守呂蒙	建安中	尋陽	權嘉其功，即拜廬江太守，所得人馬皆分與之，別賜尋陽屯田六百人，官屬三十人。	吳志卷九，呂蒙傳，頁一二七六

從上表看來，蜀漢與東吳所施行的屯田政策也分爲軍屯和民屯兩種，效果雖然亦佳，只因推行的範圍較小，其所獲得的利益自然也無法與曹魏相比了，而蜀漢更是如此。故郝經在續後漢書卷八十九食貨議論道：

漢季屠戮，折并三十餘年，遺民膏斧鑕，糞草莽，存者不能什二三。曹氏據有天下什之六，孫氏據有天下什之三，既各立國，人稀土曠，乃擇其膏腴爲農屯，興水利，蓄穀養兵，延以歲月，兵食既足，寖以富彊，怙恃以逞。昭烈祀漢于蜀，僅有天下什之一，空土悉賦，以支二敵，國於山徑蹊間，而皆石田，不能爲農屯，雖信義有餘，而兵食常不足。故諸葛亮倡義討賊，今年出師以乏糧還，明年出師以糧盡還；今年出師以木牛運，明年出師以流馬運，及其長驅深入，分兵屯田，爲久駐之基，耕者雜於渭濱，百姓安堵，軍無私焉。遺司馬懿以巾幗婦人之服，以怒之，而不敢戰。亮之志，少信克復舊物有日，而隕星告終。嗚呼！何天不佑漢若是之酷邪？孔子曰：「足食，足兵，民信之矣。」必不得已，而去兵去食，信不可去。……要之，非不得已，信與兵食皆不可去，幸而有信義，而兵食且足，高帝是也，不幸而信義既著，兵食不足，諸葛亮是也。故曰：「足食，足兵，民信之矣。三者皆備，王業成矣。

叁、三國時代農戰論與重農思想的盛行

一、田豐與鄧艾等的農戰論

人類的思想往往是環境的產物。因此，某一時期的經濟思想，與該時期的實際情形，必有極密切的關係。關於三國時代的農戰論，並不是田豐、鄧艾等人所首倡的，遠在春秋戰國時代就已經產生了。當時，各國競爭劇烈，爲了侵略他國，或爲保障己國不爲他國所呑併起見，均不得不力圖富强。例如管子的經濟思想，乃建立於國家主義之上。他認爲經濟政策可用作侵略他國的一種利器。這種侵略的力量，大部份係屬商業的。然商業乃係對外的一種政策，欲求國家內部經濟實力的充足，非重農不可。重農的目的在富國，國家富了然後才可以向外發展，以經濟侵略滅亡他國。所以他說：

菽粟不足，末生不禁，民必有飢餓之色，……。布帛不足，衣服毋度，民必有凍寒之傷，……。萬乘藏兵之國，卒不能野戰應敵，社稷必有危亡之患。……朝有經臣，國有經俗，民有經產。……何謂民之經產？畜長樹藝，務時殖穀，力農墾草，禁止末事者，民之經產也。……民不務經產，則倉廩空虛，財用不足，……倉廩空虛，財用不足，則國毋以固守（註一〇二）。

又說：

夫富國多粟，生於農，故先王貴之。凡爲國之急者，必先禁末作文巧，末作文巧禁，則民無所遊食，民無所遊食，則必農，民事農，則田墾，田墾，則粟多，粟多，則國富，國富者兵强，兵强者戰勝，戰勝者地廣（註一〇三）。

又如商鞅的經濟思想，處處帶有國家觀念的色彩，秦國採用了他的政策，遂致富强。他把國家看作一個團體，對外以這個團體爲單位，欲求本國的富强，以重農爲第一要旨。他說：

凡人主之所以勸民者，官爵也。國之所以興者，農戰也。……國待農戰而安，主待農戰而尊（註一〇四）。

又說：

按兵而農，粟爵粟任則國富，兵起而勝敵，按兵而國富者王（註一〇五）。

漢末，天下大亂，豪傑並起，他們互相攻戰的結果，最後中原地區只剩下袁紹與曹操兩個勢力。袁紹是「自安以下四世居三公位」，「門生故吏徧於天下」（註一〇六），所佔據的地方又廣大，所以勢力最强。但是曹操「挾天子而令諸侯」（註一〇七），所假借的名義，也與衆不同。當兩軍相持之際，糧食的有無是勝敗存亡的主要關鍵。例如漢赤眉雖有百萬之衆，但因無糧，而君臣面縛宜陽。「是以善用兵者，先耕而後戰」（註一〇八）。建安五年（二〇〇），深明這個道理的毛玠對曹操說：「今天下分崩，國主遷移，生民廢業，饑饉流亡，公家無經歲之儲，百姓無安固之志，難以持久。今袁紹、劉表，雖士民衆彊，皆無經遠之慮，未有樹基建本者也。夫兵義者勝，守位以財，宜奉天子以令不臣，脩耕植，畜軍資，如此則覇王之業可成也」（註一〇九）。曹操採納了他的建議，奮力經營的結果，乃統一了北方。

當袁紹率大軍將攻許時，深明上述道理的沮授，田豐曾極力勸諫紹先務農民逸民，然後出兵（註一一〇）。田豐更提出他的農戰主張說：

曹公善用兵，變化無方，衆雖少，未可輕也，不如以久持之。將軍據山河之固，擁四州之衆，外結英雄，內脩農戰，然後簡其精銳，分爲奇兵，乘虛迭出，以擾河南，救右則擊其左，救左則擊其右，使敵疲於奔命，民不得安業；我未勞而彼已困，不及二年，可坐克也。今釋廟勝之策，而決成敗於一戰，若不如志，悔無及也（註一一一）。袁紹沒有聽從他的意見，結果官渡一戰，被曹操打的大敗，以致發病憂死。

赤壁戰後，三國分立的形勢已確定了。當劉備據有益州，建安二十四年（二一九），孫權取得荆州，從此蜀、吳兩國確實建立，開始了三國分立的時期。在這三方鼎峙的情況下，蜀國決心恢復漢室，魏國志在席捲天下，吳國也野心勃勃，伺機而動。因此，農戰論更是響徹雲霄。如諸葛亮書答杜微說：

曹丕篡弑，自立爲帝，……丕又大興勞役，以向吳、楚。今因丕多務，且以閉境勤農，育養民物，並治甲兵，以待其挫，然後伐之，可使兵不戰民不勞而天下定也（註一一二）。

又如吳國末年，華覈鑒於孫皓卽位後，大興土木，窮奢極慾，使得「農守並廢」（註一一三），乃疏諫道：

……大皇帝覽前代之如彼，察今勢之如此，故廣開農桑之業，積不訾之儲，恤民重役，務養戰士，是以大小感恩，各思竭命。……今胸背有嫌，首尾多難，乃國朝之厄會也。誠宜住建立之役，先備豫之計，勉墾殖之業，爲饑乏之救。惟恐農時將過，東作向晚，有事之日，整嚴未辦。若舍此急，盡力功作，卒有風塵不虞之變，當委版築之役，應烽燧之急，驅怨苦之衆，赴白刃之難，此乃大敵所因爲資也。如但固守，曠日持久，則軍糧必乏，不得接刃，而戰士已困矣。……今當角力中原，以定彊弱，正於際會，彼益我損，加以勞困，此乃雄夫智士所以深憂。臣聞先王治國無三年之儲，曰國非其國，安寧之世戒備如此，況敵彊大而忽農忘畜。……若上下空乏，運漕不供，而北敵犯疆，使周、召更生，良、平復出，不能爲陛下計明矣（註一一四）。書奏，孫皓不納，十餘年後，卒至敗亡。

三國之中，以土地論，人口論，實力論，都是魏佔優勢，又統一中國的心最切，所以農戰論也最活躍。如齊王芳時，魏欲攻打吳國，朝廷徵求荊州刺史王基的意見。他回答說：

夫兵動而無功，則威名折於外，財用窮於內，故必全而後用也。若不資通川聚糧水戰之備，則雖積兵江內，無必渡之勢矣。今江陵有沮、漳二水，漑灌膏腴之田以千數。安陸左右，陂池沃衍。若水陸並農，以實軍資，然後引兵詣江陵、夷陵，分據夏口，順沮、漳，資水浮穀而下。賊知官兵有經久之勢，則拒天誅者意沮，而向王化者益固。然後率合蠻夷以攻其內，精卒勁兵以討其外，則夏口以上必拔，而江外之郡不守。如此，吳、蜀之交絕，交絕而吳禽矣。不然，兵出之利，未可必矣（註一一五）。

朝廷認爲他的看法很正確，遂停止攻吳。

在魏國中，不但對屯田政策推行的最力，最有成績，同時也極力發揚農戰思想的，爲義陽棘陽（今河南新野縣東北）人鄧艾，他做尚書郎時，即深明「足食足兵」與「軍無糧則亡」的道理，所以認爲「昔破黃巾。因爲屯田，積穀于許都以制四方。」（註一一六）。因此，他主張在淮南淮北一帶，屯駐重兵，且田且守，以數年間所積聚的穀物，做爲襲擊吳國的軍資，便無往不克了。他的計劃實行後，果然收到很好的效果，已如前節所述。故其本傳稱，「艾所在，荒野開闢，軍民並豐」（註一一七）。又泰始三年（二六七），議郎段灼上疏理艾說：「艾脩治備守，積穀彊兵。值歲凶旱，艾爲區種，身被烏衣，手執耒耜，以率將士。上下相感，莫不盡力。」（註一一八）後來鄧艾做了兗州刺史，為對蜀、吳的戰爭取得勝利起見，便給齊王芳上了一篇短有力農戰論的奏章。他說：

國之所急，惟農與戰，國富則兵彊，兵彊則戰勝。然農者，勝之本也。孔子曰「足食足兵」，食在兵前也。上無設爵之勸，則下無財畜之功。今使考績之賞，在於積粟富民，則交游之路絕，浮華之原塞矣。（註一一九）

從上看來，鄧艾明確的指出當時魏國急應做的，只有農與戰，努力農業生產才是致勝的根本。這種思想與屯田制實行的結果，的確給曹魏增加了不少的實力，在「吳、蜀、唇齒相依，憑阻山水」，（註一二〇）的聯合抵抗下，它雖沒能完成統一，但後來司馬氏奪取了它的基業，終於使分裂的局面復歸統一。

二、司馬芝與陸遜等的重農思想

我國自古以農立國，農業不僅是人民衣食的本源，也是工商業者所資。因此，歷代學者與政治家大都非常重視農業。先秦時代，儒家是從富民教化的觀點主張重農，法家則從富國強兵的觀點強調農業的重要。孔子主張既富而教。荀子認為「不富無以養民情，不教無以理民性，故家五畝宅，百畝田，務其業而勿奪其時，所以富之也。立大學，設庠序，修六禮，明十教，所以道之也。詩云，飲之食之，教之誨之，王事具矣」（註一二一）。孟子則力倡統治者制民之產，「必使仰足以事父母，俯足以畜妻子」，遇到豐收的年成終身溫飽，逢着凶歲免於死亡，「然後驅而之善，故民從之也輕」。否則，「此惟救死而恐不贍，奚暇治禮義哉！」管子强調「倉廩實，則知禮節；衣食足，則知榮辱（註一二二）。」這是他的經濟思想綱領。在他看來，「凡治國之道，必先富民，民富則易治也，民貧則難治也」（註一二三）。但他重農最終目的在富國强兵，開疆拓土（註一二四）。商鞅認爲「國之所以興者，農戰也。」（註一二五）因此，欲求富國强兵，要無敵於天下，首在重農（註一二六）賈誼以爲農業不僅是民生的根本，也是國家謀求安定與致力和平的基本力量。他說：「民不足而可治者，自古及今，未之嘗聞。古之人曰：『一夫不耕，或受之飢，一女不織，或受之寒，生之有時，而用之亡度，則物力必屈。』古之治天下，至纖至悉也，故其畜積足恃。」（註一二七）「夫積貯者，天下之大命也，苟粟多而財有餘，何爲而不成，以攻則取，以守則固，以戰則勝，懷敵附遠，何招而不至」（註一二八）。因此，只要食穀多，財富充足，天下的情勢便一切操之在我。但是如何才能有積貯呢？他主張非讓人民「歸之農，皆著於本，使天下各食其力，末技游食之民轉而緣南畝」（註一二九）不可。倘若如此，即可達到富安天下的目的。所以晁錯說：「以是觀之，粟者，王者大用，政之本務。」（註一三〇）。

三國雖是戎馬倥傯的時代，但各國爲了增產糧食，安撫百姓，增强國力，以及爭奪全中國的統治權起見，都十分重視農業。例如曹操除積極推行屯田制外，並減輕人民的負擔，嚴禁豪强兼併，減少商賈剝削與壓榨的機會（註一三一），藉以獎勵人民務農。又如某次他行軍，經過麥田。下令說：「士卒無敗麥，犯者死」。騎士皆下馬，付麥以相持。他自己的馬躍入麥田中，敕主簿議罪；主簿對以春秋之義，罰不加於尊。他說：「制法而自犯之，何以帥下？然孤爲軍帥，不可自殺，請自刑。」因援劍割髮以置地，當作斬首（註一三二）。這雖是一種權術，但也說明他對農業的重視。

吳國的政治雖然殘暴（註一三三），但孫權及其繼承人爲了上述的原因，也很重視農業的發展。如赤烏三年（二四三）春正月，孫權下了一道重農詔說：

> 蓋君非民不立，民非穀不生。頃者以來，民多征役，歲又水旱，年穀有損，而吏或不良，侵奪民時，以致饑困。自今以來，督軍郡守，其謹察非法，當農桑時，以役事擾民者，舉正以聞（註一三四）。

孫權死後，吳國的屯田政策變質，州郡官和諸將令吏民及士兵爲他們經營商業，許多良田因而荒廢，糧食日益減產。嗣主孫亮看到這種情形，于永安二年（二五九）春天，下詔强調農業的重要說：

> 今欲偃武修文，以崇大化。推此之道，當由士民之贍，必須農桑。管子有言：「倉廩實，知禮節；衣食足，知榮辱。」夫一夫不耕，有受其饑，一婦不織，有受其寒；饑寒並至而民不爲非者，未之有也。自頃年已來，州郡吏民及諸營兵，多違此業，皆浮船長江，賈作上下，良田漸廢，見穀日少，欲求大定，豈可得哉？亦由租入過重，農人利薄，使之然乎！今欲廣開田業，輕其賦稅，差科彊羸，課其田畝，務令優均，官私得所，使家給戶贍，足相供養，則愛身重命，不犯科法，然後刑罰不用，風俗可整。……田桑已至，不可後時。事定施行，稱朕意焉（註一三五）。

又如孫權的長子孫登，雖身爲皇太字，但他外出射獵時，常遠避良田，不踐苗稼，對頓息處所，又必擇一空閑的地方，竭力避免爲害百姓（註一三六）。

以上是當權者重視農業的實例，此外，許多有識之士的重農思想也十分活躍。魏的司馬芝、王肅和吳的陸遜、華覈就是這時期提倡重農的代表人物，今分述於下：

司馬芝，河內溫人（今河南溫縣），少爲書生，性至孝。黃初年間，入爲河南尹，抑彊扶弱，私請不行。明帝時，爲大司農（註一三七）。他鑒於文帝時，屯田之制已漸破壞，諸典農各部吏民，生活困苦，乃經營商業，增加收入。到明帝時，因爲典農之職直屬於大司農，芝以職責所在，認爲他們這樣做，實違背國家的利益，於是奏言道：

王者之治，崇本抑末，務農重穀。王制：「無三年之儲，國非其國也。」管子區言以積穀爲急。方今二虜未滅，師旅不息，國家之要，惟在穀帛。武皇帝特開屯田之官，專以農桑爲業。建安中，天下倉廩充實，百姓殷足。自黃初以來，聽諸典農治生，各爲部下之計，誠非國家大體所宜也。夫王者以海內爲家，故傳曰：「百姓不足，君誰與足！」富足之由，在於不失天時而盡地力。今商旅所求，雖有加倍之顯利，然於一統之計，已有不貲之損，不如墾田益一畝之收也。夫農民之事田，自正月耕種，耘鋤條桑，耕熯種麥，穫刈築場，十月乃畢。治廩繫橋，運輸租賦，除道理梁，墐塗室屋，以是終歲，無日不爲農事也。今諸典農，各言「留者爲行者宗田計，課其力，勢不得不爾。不有所廢，則當素有餘力。」臣愚以爲不宜復以商事雜亂，專以農桑爲務，於國計爲便（註一三八）。

司馬芝爲了維護屯田制度，保障魏國利益起見，乃奏請皇帝詔令諸典農各部吏民專以農桑爲務，禁止營商。明帝認爲他的話很有道理，乃從其奏。

魏明帝淫侈多欲，卽位以後，大造宮室苑囿，使得徭役繁興，民失農業，庫藏空竭。景初間（二三七——二三九），常侍領秘書監，兼崇文觀祭酒王肅上疏說：

> 大魏承百王之極，生民無幾，干戈未戢，誠宜息民而惠之以安靜遐邇之時也。夫務畜積而息疲民，在於省徭役而勤稼穡。今宮室未就，功業未訖，運漕調發，轉相供奉。是以丁夫疲於力作，農者離其南畝，種穀者寡，食穀者衆，舊穀既沒，新穀莫繼。斯則有國之大患，而非備豫之長策也。今見作者三四萬人，九龍可以安聖體，其內足以列六宮，顯陽之殿，又向將畢，惟泰極已前，功夫尚大，方向盛寒，疾疢或作。誠願陛下發德音，下明詔，深愍役夫之疲勞，厚矜兆民之不贍，取常食廩之士，非急要者之用，選其丁壯，擇留萬人，使一期而更之，咸知息代有日，則莫不悅以卽事，勞而不怨矣。計一歲有三百六十萬夫，亦不爲少。當一歲成者，聽且三年。分遣其餘，使皆卽農，無窮之計也。倉有溢粟，民有餘力，以此興功，何功不立？以此行化，何化不成？……（註一三九）。

明帝不聽，加以他「期信不敦，刑殺倉卒。」（註一四〇）遂導致魏國的衰亂。

以上是魏國重農者的言論，下面再討論吳國重農者的呼聲。

我們在前面曾經說過，三國雖是鼎峙的局面，但是它們均不自願安於現狀。蜀國決心恢復漢室，魏國志在統一天下，孫權也不願坐守江東。因此，孫權要實現他的願望，必須增加兵額，擴充軍隊，以武力做後盾，而掠奪人口是擴充軍隊最好的辦法。因而於黃龍二年（三二〇），他遣將軍衞溫、諸葛直率兵浮海求夷州、亶州；赤烏二年（二三九），命將軍孫怡率兵擊遼東；赤烏五年（二四二），派將軍聶友等率兵討珠崖、儋耳；以及他屢次進攻山越，其主要目的在捕捉人口，擴充軍隊，充實戰力。此外，加以他對魏的戰爭，使得「兵久不輟，民困於役」(註一四一)，百姓在這賦調繁重，刑罰殘酷的統治下，被迫經常起兵反抗。上大將軍陸遜有鑒於此，故當孫權欲遣偏師取夷州及朱崖，徵求他的意見時，他表示卽使取下朱崖，對吳國也並無什麼幫助，應該育養民，士減輕租賦，待民力增強，然後用兵，卽可平定河渭的。他上疏說：

> 臣愚以爲四海未定，當須民力，以濟時務。今兵興歷年，見衆損減，陛下……將遠規夷州，以定大事，臣反覆思惟，未見其利，萬里襲取，風波難測，民易水土，必致疾疫，今驅見衆，經涉不毛，欲益更損，欲利反害。又珠崖絕險，民猶禽獸，得其民不足濟事，無其兵不足虧衆。今江東見衆，自足圖事，但當畜力而後動耳。……臣聞治亂討逆，須兵爲威，農桑衣食，民之本業，而干戈未戢，民有飢寒。臣愚以爲宜育養士民，寬其租賦，衆克在和，義以勸勇，則河渭可平，九有一統矣(註一四二)。

孫權沒採納他的奏議，遂征夷州，結果得不償失。

吳國自孫權死後，權戚紛爭，綱紀敗壞。到孫皓立爲帝後，吳國的暴政不但已達頂點，而且也快滅亡了。吳寶鼎二年(二六七)六月，皓起顯(昭)明宮，「二千石以下皆自入山督攝伐木。又破壞諸宮，大開園囿，起土山樓觀，窮極伎巧，功役之費，以億萬計。」(註一四三)這種「盛夏興工」的結果，使得「農守並廢」。又他的貴幸岑昏，致位九列，也「好興功役」(註一四四)，人民備受其苦。東觀令華覈目睹這種情況，又鑒於當時「倉廩無儲，世俗滋侈」(註一四五)，乃提出他重農與去奢的主張。他說：

今寇虜充斥，征伐未已，居無積年之儲，出無應敵之畜，此乃有國者所宜深憂也。夫財穀所生，皆出於民，趨時務農，國之上急。而都下諸官，所掌別異，各自下調，不計民力，輒與近期。長吏畏罪，晝夜催民，委舍佃事，遑赴會日，定送到都，或蘊積不用，而徒使百姓消力失時，到秋收月，督其限入，奪其播殖之時，而責其今年之稅，如有逋懸，則藉沒財物，故家戶貧困，衣食不足。宜暫息衆役，專心農桑，古人稱一夫不耕，或受其飢，一女不織，或受其寒，是以先王治國，惟農是務。軍興以來，已向百載，農人廢南畝之務，女工停機杼之業。推此揆之，則蔬食而長飢，薄衣而履冰者，固不少矣。……今帑藏不實，民勞役猥，……。今事多而役繁，民貧而俗奢，百工作無用之器，婦人爲綺靡之飾，不勤麻枲，並繡文黼黻，轉相倣效，恥獨無有。兵民之家，猶復逐俗，內無儋石之儲，而出有綾綺之服，至於富賈商販之家，重以金銀，奢恣尤甚。天下未平，百姓不贍，宜一生民之原，豐穀帛之業，而棄功於浮華之巧，妨日於侈靡之事，上無尊卑等級之差，下有耗財物力之損。今吏士之家，少無子女，多者三四，少者一二，通令戶有一女，十萬家則十萬人，人織績一歲一束，則十萬束矣。使四疆之內同心戮力，數年之間，布帛必積。恣民五色，惟所服用，但禁綺繡無益之飾。……若實如論，有之無益廢之無損者，何愛而不暫禁以充府藏之急乎？此救乏之上務，富國之本業也，使管、晏復生，無以易此。漢之文、景，承平繼統，天下已定，四方無虞，猶以彫文之傷農事，錦繡之害女紅，開富國之利，杜飢寒之本。況今六合分乖，豺狼充路，兵不離疆，甲不解帶，而可以不廣生財之原，充府藏之積哉（註一四六）？

肆行殘暴，虐用其民，以及窮淫極侈成性的孫皓是聽不進這些話的。是以上下離心，多不願爲他盡力，遂促成吳國的速亡。

從上看來，這時期的重農思想，雖然很符合當時環境的要求，但如何始能達到全民農業增產的目的，却很少談及。

三、桓範與杜恕等的豐財富民思想

「民爲邦本，本固邦寧」，所以儒家認爲治國之道，必先富民，民富則樂而可教，貧則阨而忘善，易生姦邪，難以治理。故杜佑說：「夫理道之充，在乎行教化；教化之本，在乎足衣食。易稱『聚人曰財』。洪範八政，一曰食，二曰貨。……夫子曰『旣富而教』，斯之謂矣。……此先哲王致治之大方也」（註一四七）。

從論語等書看來，富民之說，不但是孔子經濟學說的基礎，也是儒家經濟思想的一大特點。但如何始能富民呢？卽「因民之所利而利之」（註一四八）。換句話說，卽爲政者要輕徭薄賦，奬勵農業生產與通商惠工，使人民獲得固有的福利。其次，爲政者應損欲節儉，使民以時，不傷財，不害民。唐太宗卽十分明瞭這個道理。他對侍臣說：

國以民爲本，人以食爲命，若禾黍不登，則兆庶非國家所有；旣屬豐稔若斯，朕爲億兆人父母，唯欲躬務儉約，必不輒爲奢侈。朕常欲賜天下之人，皆使富貴，今省徭賦，不奪其時，使比屋之人，恣其耕稼，此則富矣（註一四九）。

又說：

凡事皆須務本，國以人爲本，人以衣食爲本。凡營衣食以不失時爲本，夫不失時者，在人君簡靜，乃可致耳；若兵戈屢動，土木不息，而欲不奪農時，其可得乎？……夫安人寧國，惟在於君，君無爲則人樂，君多欲則人苦。朕所以抑情損欲，尅己自勵耳（註一五〇）。

魏明帝卽位，于時百姓彫弊，四海分崩，不先闡拓祖業，而極力仿效秦皇、漢武大興土木的惡習，于太和六年（二三二），治許昌宮。青龍三年（二三五），又在洛陽大營宮殿苑囿，掠奪民間美女，恣意淫侈。其情況略見本紀注引魏略。同年，洛陽崇華殿火災，帝又加更營，時郡國有九龍現，改名爲九龍殿（註一五一）。景初元年（二三七），「徙長安諸鐘簴、駱駝、銅人、承露盤。盤折，銅人重不可致，留于霸城。大發銅鑄作銅人二，號曰翁仲，列坐于司馬門外。又鑄黃龍、鳳皇各一，龍高四丈，鳳高三丈餘，置內殿前。起土山于芳林園西北陬，使公卿羣僚皆負土成山，樹松竹雜木善草於其上，捕山禽雜獸置其中。」（註一五二）此外，又欲平北芒（卽邙北山，在河南洛陽縣東北），令於其上作臺觀，則見孟津（註一五三）。這種大興土木，淫侈無度的作風，使得百姓失農時，庫藏空竭，民不堪命，皆有怨怒（註一五四）。當時太子舍人張茂以吳、蜀數動，諸將出征，而帝盛興宮室，留意於玩飾，賜與無度，帑藏空竭，又簡選其有姿色者內之掖庭，乃上書諫道：

……自衰亂以來，四五十載，馬不捨鞍，士不釋甲，每一交戰，血流丹野，創痍號痛之聲，于今未已。猶彊寇在疆，圖危魏室。陛下不兢兢業業，念崇節約，思所以安天下者，而乃奢靡是務，中尙方純作玩弄之物，炫燿後園，建承露之盤，斯誠快耳目之觀，然亦足以騁寇讐之心矣。

惜乎，舍堯舜之節儉，而爲漢武之侈事，臣竊爲陛下不取也。願陛下沛然下詔，萬幾之事有無益而有損者悉除去之，以所除無益之費，厚賜將士父母妻子之饑寒者，問民所疾而除其所惡，實倉廩，繕甲兵，恪恭以臨天下。如是，吳賊面縛，蜀虜輿櫬，不待誅而自服，太平之路可計日而待也（註一五五）。

此外，如直臣鍾毓、王朗、王肅、蔣濟、陳羣、徐宣、衞臻、和洽、高柔、孫禮、辛毗、楊阜、高堂隆、棧潛、王基、毌丘儉與董尋（註一五六）也紛紛切諫，皆不見聽。從此曹氏政權便進入衰落時期。今將蔣濟、和洽二人的上疏摘錄於下，以見一般。魏志卷十四蔣濟傳說：

明帝卽位，……景初中，外勤征役，內務宮室，怨曠者多，而年穀饑儉。濟上疏曰：「陛下方當恢崇前緒，光濟遺業，誠未得高枕而治也。今雖有十二州，至于民數，不過漢時一大郡。二賊未誅，宿兵邊陲，且耕且戰，怨曠積年。宗廟宮室，百事草創，農桑者少，衣食者多，今其所急，唯當息耗百姓，不至甚弊。弊劫之民，儻有水旱，百萬之衆，不爲國用。凡使民必須農隙，不奪其時。夫欲大興功之君，先料其民力而燠休之。勾踐養胎以待用，昭王恤病以雪仇，故能以弱燕服彊齊，羸越滅勁吳。今二敵不攻不滅，不事卽侵，當身不除，百世之責也。以陛下聖明神武之略，舍其緩者，專心討賊，臣以爲無難矣。……

又魏志卷二十三和洽傳說：

太和中，……洽以爲「民稀耕少，浮食者多。國以民爲本，民以穀爲命。故費一時之農，則失育命之本。是以先王務蠲煩費，以專耕農。自春夏以來，民窮於役，農業有廢，百姓囂然，時風不至，未必不由此也。消復之術，莫大於節儉。太祖建立洪業，奉師徒之費，供軍賞之用，吏士豐於資食，倉府衍於穀帛，由不飾無用之宮，絕浮華之費。方今之要，固在息省勞煩之役，損除他餘之務，以爲軍戎之儲。三邊守禦，宜在備豫。……

蔣濟天性耿直，爲一儒生，反對當時的法術政治。他認爲重刑法可以亡國，尊儒術可以興邦。因爲法治是機械的，不講求變化，不順從民意，不注重賢才，這是政治上最大的錯誤。他本着忠君愛民的熱忱，對於國事尤敢直諫。他痛論明帝勞民傷財的做法不當，主張息兵務農，與民休息，這決不是那些趨炎附勢的政客們做得到的（註一五七）。

此外，還有本着儒家思想，對當時法術政治表示反抗的爲桓範和杜恕二人。

桓範覺得法術本不足取，但商鞅、申韓之徒雖尙譎詐行苛尅，還有「尊君卑臣，富國强兵」的長處，甯成郅都之輩，雖以殘酷爲能，但「撫弱抑弱，背私立心」，也還可取。至於當代那些假借法術之美名的假法家，做出一些貪財虐民爭權勢的惡行，犯公法，運私術，不僅是申韓甯郅的罪人，簡直是盜賊行爲，申韓的好處一點也沒有，把他們的劣點充分地表現出來，這種現狀如何能使政治有澄清之望，君主又是目昏耳鈍，不能察實審能，於是這般假法乘機得勢，政治自然更加紊亂了（註一五八）。

桓範的政治思想，是德刑兼施，以德化民，以刑禁奸，雖聖人爲政，也不能偏用。强秦之所以速亡，就是純用刑法的結果。但如何才是德呢？他說要正身節欲，要審覈眞僞，要體恤民艱，要愼刑息兵（註一五九）。能做到這幾點，天下就會太平了。

一個人的經濟思想，往往內涵於政治思想之中。因此，上面所說的節欲與體恤民艱可說是桓範的經濟思想。關於節欲包括兩方面，一面是節制私欲，如女色犬馬之樂，一面是戒除奢侈，輕徭役，薄賦稅，這樣才可安民豐財，有德的君王，雖不能「閑情無欲」，必得「咈心消除」。故桓範說：

……故脩身治國之要，莫大于節欲。傳曰：「欲不可縱。」歷觀有家有國，其得之也，莫不階于儉約；其失之也，莫不由于奢侈。儉者節欲，奢者放情；放情者危，節欲者安。堯舜之居士階三等，夏日衣葛，冬日鹿裘。禹卑宮室而菲飲食。此數帝者非其眞情之不好，乃節儉之至也。故其所取民賦也薄，而使民力也寡，其育物也廣，而興利也厚。故家給人足，國積饒而四海安。孔子曰：「以約失之者鮮矣。」（註一六〇）。

爲政者如能用德自律自勉，做到家給人足，國庫豐饒，這樣天下自然會太平，社會自然會安寧的。

關於體恤民艱，如上所述，人民是國家的根本，又百姓如同水一樣，水能載舟，亦能覆舟。因此，民心的向背，關係國家的興衰存亡。有國而欲求治者，不僅自身力求尅制私欲，並應體恤民艱，加惠百姓。絕不可假勢做些勞民傷財的事情，逼得百姓挺而走險。所以桓範說：「服一綵，則念女功之勞，御一穀，則恤農夫之勤。決不聽之獄，則懼刑之不中，進一官之爵，則恐官之失賢。賞毫釐之善，必有所勸，罰纖芥之惡，必有所沮。使化若春氣，澤如時雨，消凋污之人，移薄僞之俗。救衰世之弊，反之于上古之樸，至德加于天下，惠厚施于百姓。」（註一六一）爲君者若能做到這種地步，便可達到「民仰之如天地，愛之如父母，敬之如神明，畏之如雷霆」（註一六二）的境界了。

總之，桓範本着儒家的思想，認爲人君治國的根本之計，在於節私欲，戒奢侈，薄稅斂，輕徭役。如此，不但能使得家給人足，國庫充實，並可獲得全民的擁戴，達到本固邦寧的目的。但是在假法術橫行，儒學衰微，道德淪喪的時代，當權的人不是貪縱奢侈，就是陰謀爭奪權勢，他們那裏肯聽信這些治國安民的忠言呢。不僅如此，由於桓範不滿意司馬懿的野心篡奪，結果被誅三族，死得很慘。

杜恕爲官於魏明帝至齊王的時期，在當時政治紊亂的情況下，他也本着儒家思想，對當時的法術權謀，深表不滿。他是杜畿之子，幼時就受他父親尊儒學、貴德行、重名節的影響，所以能在那人慾橫流的時代，卓然以儒家自立。潔身自愛的杜恕，在朝中任職，「不結交援，專心向公。」（註一六三）他看到明帝荒淫奢侈，政教陵遲，乃上疏力主安民豐財，爲治國的根本政策。他說道：

帝王之道，莫尚乎安民；安民之術，在於豐財。豐財者，務本而節用也。方今……州郡牧守，咸共忽恤民之術，脩將率之事，農桑之民，競干戈之業，不可謂務本。帑藏歲虛而制度歲廣，民力歲衰而賦役歲興，不可謂節用。今大魏奄有十州之地，而承喪亂之弊，計其戶口不如往昔一州之民，然而二方僭逆，北虜未賓，三邊遘難，繞天略市；所以統一州之民，經營九州之地，其爲艱難，譬策羸馬以取道里，豈可不加意愛惜其力哉？……若二賊游魂於疆場，飛芻輓粟，千里不及。究此之術，豈在彊兵乎？武士勁卒愈多，愈多愈病耳。夫天下猶人之體，腹心充實，四支雖病，終無大患；今兗、豫、司、冀亦天下之腹心也。是以愚臣以悽悽，實願四州之牧守，獨脩務本之業，以堪四支之重（註一六四）。

他這一奏疏，雖切中時弊，但在這種環境下是不會產生什麽效果的。

嘉平以後（二四九），是司馬氏專權的時期，曹爽一派及李豐、夏侯玄等皆被族殺。杜恕看見這種黑暗的政治情況，非常不滿。他曾幾次上疏，力斥輕儒重法的流弊。如他說：「今之學者，師商、韓而上法術，競以儒家爲迂闊，不周世用，此最風俗之流弊，創業者之所致愼也。」（註一六五）杜恕在他的著作體論中，不僅從歷史上的事實證明法家的失敗，並且從理論上攻擊法家之不當。他對於任何陰謀詐力的術家，覺得比法家更壞，以秘密取巧，以手段制勝，就是偶爾成功，也不是治國爲人的正道。他認爲法術家本不足取，加以當時那些假法家的惡劣行爲，杜恕看了更不以爲然。他的政治思想爲儒家的德化與體治，卽以禮代刑，以德化代法術。要這樣才可達到眞正的政治理想（註一六六）。總之，關於杜恕的思想，近人根據他的本傳和體論等書，已有很精彩的評述，在這裏也不必再說了。

肆、結　論

漢末，天下大亂，豪傑並起，他們爲爭奪地盤，互相殘殺，使得田舍化爲廢墟，人命成爲草芥，社會發生激烈的變動。曹操野心很大，志在削平羣雄，統一中國。當時由於戰爭連年，人口死傷甚衆，地方經濟遭受嚴重的破壞，以致使他在經略四方期間，時因軍食不足，難以克敵制勝。建安元年，在土廣民稀，多爲公田的狀況下，加以他從歷史上所獲得的敎訓，覺得要達到統一天下的目的，必先强兵，要强兵，必先足食，要足食，必先富國，要富國，首在重農。故他說：「夫定國之術，在於强兵足食。秦人以急農兼天下，孝武以屯田定西域，此先代之良式也。」於是他接受謀臣策士的建議，開始實行屯田政策。當時屯田分爲民屯與軍屯兩種，同時進行，先由許下，再推廣到各州郡。民屯與軍屯實行的辦法雖各有不同，但其目的均在足食强兵。因此，在屯田客與田兵所繳納相當重的地租之下，他們雖然「面有飢色，衣或短褐不完。」而曹操却收到了數年中所在積穀，倉廩皆滿，征伐四方，無運糧之勞的效果。總之，曹魏推行屯田政策的結果，不僅使它成爲三國中最强的國家，也成爲後來司馬氏借以篡魏及削平蜀、吳，統一中國的資本。不但蜀、吳起而效法，卽晉朝的占田制與北魏的均田制，也是本其精神和承襲了它的經驗的。

至於蜀、吳雖也先後仿效曹魏，實行屯田，然規模較小，效果雖不錯，但無法與魏相比。

其次，在羣雄混戰，及三國之人志相吞滅的情況下，農戰論也特別盛行。如毛玠以「脩耕植，畜軍資」說曹操，田豐以「內脩農戰」說袁紹，鮑勛以「今之所急，唯在軍農」陳魏文（註一六七），蔣濟以「且耕且戰」上疏明帝，當齊王芳問南下之計時，王基與傅嘏皆上進軍大佃滅吳之策。後來鄧艾爲對蜀、吳的戰爭取得勝利起見，更上奏章道：「國之所急，惟農與戰，國富則兵彊，兵彊則戰勝。然農者，勝之本也。」他們都認爲積極的從事農業生產，充實軍資，是取勝的根本。所以這種論調是頗受當時人重視的。實際說來，農戰論與屯田政策，可說是一體的兩面，同以以戰勝敵國爲最終目的的。

在古代每當農業破壞，人民生活困苦的時候，不僅重農思想特別活躍，而富民之說也特別旺盛。又某時期當某種思想得勢時，也往往有相反的學說與之對立。三國時代就是這樣的。不過從這時期司馬芝、華歆、王朗（註一六八）與陸遜等重農者的言論看來，都帶有濃厚的國家至上、軍事第一的色彩。

當時輕人重法的政治思想雖然得勢，但桓範、杜恕等毅然站在儒家立場，對陰謀詐力的術家施以激烈的攻擊。他們都强調人君治國的根本之計，在於節私慾，戒奢侈，薄稅斂，輕徭役，使民以時與藏富於民，以期達到家給人足，國庫充實與本固邦寧的境地。但在法術橫行，儒學衰微，道德淪喪的時代，當權者或熱中奢侈享樂，或積極陰謀篡奪，對百姓都漠不關心，所以他們的言論是難以發生作用的。

總之，三國間的戰爭，目的在競逐統一，因此各國內部的經濟都有了進步，尤其中原一帶，在曹魏的統治下，使漢末以來遭受破壞的社會經濟又逐漸恢復了。我們知道，任何一個政權的建立與強固，雖都需要軍力的支持，但孔子曾說：「足食、足兵、民信之矣。」三者皆備，始能完成王業。因此，蜀漢雖信義有餘，而苦兵食常不足，固無法復興漢室；東吳兵食尙足，然失去百姓的支持，也不能實現它的願望；曹魏更食足兵強，但內部問題很多，人民也不衷心擁護，所以也難以統一中國。後來終於被善於運用陰謀詐力而得勝的司馬氏繼承了它的基業，雖完成統一，但不久中國又陷入長期分裂的局面。

總括本文的研究，可以使我們得到幾點認識，這幾點認識對我國今後的解決對外與對內的問題或將有點幫助：

㈠要想戰勝敵國，必須憑藉自身的力量，雙方在長期的對立中，經濟力的比賽往往是決定勝負最重要的因素。所以積極的從事農業生產，乃是使經濟力量强大的基礎。卽如鄧艾所說：「農者，勝之本也。」

㈡制度沒有新舊，學說也不必分中外古今，凡能適合當前實際需要的，便是最好的，與最宜採擇實行的。如曹操仿效漢武的屯田，即是最好的例子。

㈢敵國也有它的長處，我們應以其所長，以制其短，即「以子之矛攻子之盾。」萬不可諱疾忌醫，坐失良機。如蜀、吳仿效曹魏之屯田，即爲最明顯的例子。

注釋

註一 傅孟眞先生在夷夏東西說第五章裏說：「因地形的差別，形成不同的經濟生活，不同的政治組織，古代中國之有東西二元，是很自然的現象。不過黃河淮水上下流域到底是接近難分的地形。在由部落進爲帝國的過程達到相當高階段時，這樣的東西二元局勢，自非混合不可，於是起于東者，逆流壓迫西方。起于西者，順流壓迫東方。東西對峙，而相爭相滅，便是中國的三代史。……且東西二元之局，何止三代，戰國以後數百年中，又何嘗不然？秦併六國是西勝東，楚漢亡秦是東勝西，平林赤眉對新室是東勝西，曹操對袁紹是西勝東。不過，到西漢時，東西的混合已很深了，對峙的形勢自然遠不如三代時之明瞭。到了東漢，長江流域才普遍的發達。到孫氏，江南才成一個政治組織。從此少見東西的對峙了，所見多是南北對峙的局面。然而這是漢魏間的新局面，憑長江發展而生之局面，不能以之追論三代事。」（傅孟眞先生集中編庚，學術論文集，民國四十一年十二月，臺灣大學發行）。

註二 參看全漢昇著唐宋帝國與運河第一章緒論（中研院史語所專刊，民國四十五年在臺初版）。另參考錢賓四先生著國史大綱第七編第三十八——四十章，南北經濟文化之轉移（上）（中）（下）（民國五十三年十月臺八版，臺灣商務印書館發行）。

註三 參看全漢昇著中古自然經濟第一章緒論（中研院史語所集刊第十本第一分，民國三十七年四月再版）。

註四　參看劉氏著魏晉思想論第一章魏晉思想的環境（民國四十六年七月臺一版，臺灣中華書局印行）。

註五　參看谷霽光著三國鼎峙與南北朝分立（禹貢半月刊第五卷第二期，民國二十五年出版）。

註六　吳志卷十七胡綜傳，頁一四一五（新校三國志注本，民國六十一年九月初版，世界書局印行）。關於從中平至三國數十年中地方叛亂的情況，陳嘯江氏在三國時代的經濟一、從不斷的變亂說起一段文字中有很清楚的說明（現代史學第二卷第一、二期，民國三十年出版）。

註七　以上參看仲長統著昌言理亂篇與損益篇（四部備要本，臺灣中華書局印行）。

註八　如後漢書卷四十九仲長統傳注云：「孝靈遭黃巾之寇，獻帝嬰董卓之禍，英雄棊時，白骨膏野，兵戈相尋，三十餘年，三方跡寧，萬不存一也。」（新校後漢書注本，民國六十一年九月，世界書局印行）。另見⑴魏志卷八陶謙傳，頁二四九。⑵後漢書卷七十二董卓傳，頁二三二七。

註九　如後漢書卷七十二董卓傳云：「是時穀一斛五十萬，豆麥二十萬，人相食啖，白骨委積，臭穢滿路。帝使侍御史侯汶出太倉米豆，為飢人作糜，經日而死者無降。……。」後漢書卷九孝獻帝紀所載與此同。

另見⑴晉書斠注卷二十六食貨志，頁五七五（下）（（上）指上半頁，（下）指下半頁，以下同），臺北藝文影印本。

⑵魏志卷十荀彧傳注引曹瞞傳，頁三一〇。

⑶魏志卷六袁術傳，頁二〇九。

⑷同書卷七張邈傳云：「是時（興平元年）歲旱、蟲蝗、少穀，百姓相食，」頁二二二。

⑸同書卷一武帝紀云：「是歲（興平元年）穀一斛五十餘萬錢，人相食，」頁一二。

⑹同書卷十五司馬朗傳云：「時歲大饑，人相食」頁四六七。

(7)同書卷二十七王昶傳注引別傳云：「漢末，黃巾賊起，天下饑荒，人民相食。」頁七四八。

註一〇　如魏志卷二十一王粲傳云：（阮）瑀以十七年卒，（徐）幹、（孔）琳、（應）瑒、（劉）楨二十二年卒。文帝書與元城令吳質曰：「昔年疾疫，親故多離其災，徐、陳、應、劉，一時俱逝。」頁六〇二。亦見同卷吳質傳注引魏略（頁六〇八）另見續漢書五行志記漢靈帝時有五次大疫。大醫學家張機在傷寒論序中說，我的宗族，人數在二百以上，建安元年以來，還不到十年，族人死了三分之二，傷寒病患佔了十分之七。

註一一　如魏志卷八陶謙傳注引吳書曰：「今四民流移，託身他方，携白首於山野，棄稚子於溝壑，顧故鄉而哀嘆，向阡陌而流涕，饑厄困苦，亦已甚矣。」

另見(1)魏志卷二十一衞覬傳云：「關中膏腴之地，頃遭荒亂，人民流入荆州者十萬餘家……。」頁六一〇。

(2)吳志卷七張昭傳云：「漢末大亂，徐方士民多避難揚土，昭皆南渡江。」頁一二一九。

(3)後漢書卷七十五劉焉傳云：「初，南陽、三輔民數萬戶流入益州，焉悉收以爲衆，名曰『東州兵』」頁二四三三。

(4)魏志卷十一田疇傳，頁三四一。

註一二　魏志卷二十一衞覬傳云：「關中膏腴之地，頃遭荒亂，人民流入荆州者十萬餘家，聞本土安寧，皆企望思歸。而歸者無以自業，諸將各競招懷，以爲部曲。郡縣貧弱，不能與爭，兵家遂彊。一旦變動，必有後憂。」頁六一〇。

漢末大亂，一般平民爲保存自己的生命，常離開鄉里；投靠於大族，而變成其領民，受其統治。領民就身分來說，分爲賓客與部曲兩種。到了三國，賓客的地位更爲低落，差不多與奴隸爲伍了，所以常稱奴客。例如魏志卷五文德郭皇后傳說：「后曰奴客不在目前」。當時賓客的名稱很多，除稱賓客、奴客外，又有家客、私客、人客、親客、僮客或客之稱。這時主（即築塢堡以自衞的大族，時稱塢主，也即領主）客之間已有隸屬的關係，主人可將自己的賓客傳給子孫或送給別人，如蜀志卷八麋竺傳說：「竺於是進妹於先主爲夫人，奴客二千，金銀貨幣以助軍資」；由此可知，三國時代賓客之於主人，已由蔭庇關係變成主奴關係。其次，部曲本來是指的軍隊的編制形式（見後漢書志第二十四百官一）到了三國，竟用之以稱個人的私兵。其身分與賓客相似，部曲對其主人也有了隸屬的關係。以上參看薩孟武著中國社會政治史第五章，頁四二——四四（民國五十五年，三民書局經售）。

註一三　晉書斠注卷四十三山濤傳云：「自初平之元，訖於建安之末，三十年中，萬姓流散，死亡略盡，斯亂之極也。」頁八四四九（下）。

註一四　見丁福保編全漢三國晉南北朝詩（上），頁一八一，世界書局印行。

註一五　魏志卷一武帝紀，頁二二。

註一六　後漢書卷四十九仲長統傳，頁一六四九。
另見昌言理亂篇。

註一七　同上書同卷注云：「秦三王二帝通在位四十九年，前漢二百三十年，後漢百九十五年，凡四百七十四年，故云不及五百年也。三起謂秦末及王莽並獻帝時也。」

註一八　魏志卷十四蔣濟傳，頁四五二。
另見(1)同書卷十六杜恕傳，頁四九九。

(2)同書卷二十二陳羣傳，頁六三六。都有類似的說法。

(3)據通典卷七歷代盛衰戶口云：「魏武據中原，魏氏唯有戶六十六萬三千四百二十三，口有四百四十三萬二千八百八十一」。

(4)又據漢書卷二十八上地理志載，漢平帝元始二年（西元二年），僅豫州一州之戶數即爲一百四十五萬九千九百十一，口數爲七百五十五萬一千七百三十四，頁一五六〇——一六三七。

註 一九 通典卷七歷代盛衰戶口云：「孝平元始二年，人戶千二百二十三萬三千，口五千九百五十九萬四千九百七十八，此漢之極盛也。……魏武據中原，劉備割巴蜀，孫權盡有江東之地，三國鼎立，戰爭不息。及平蜀得戶二十八萬，口九十四萬……除平蜀所得，當時魏氏唯有戶六十六萬三千四百二十三，口有四百四十三萬二千八百八十一，晉武帝太康元年（二八〇）平吳，收其圖籍，戶五十三萬，……男女口二百三十萬（典三九頁）。

註 二〇 另參看後漢書卷七十二董卓傳，頁二三三七——二三八。

註 二一 吳志卷一孫堅傳注引江表傳，頁一〇九九。

註 二二 魏志卷六董卓傳，頁一八六。

註 二三 魏志卷二十七王昶傳，頁七四四。

註 二四 另見(1)後漢書卷七十二董卓傳所載與此略同，頁二三三六。

(2)魏志卷六董卓傳，頁一八一。

註 二五 另同上書董卓傳云：「時三輔民尙數十萬戶，傕等放兵劫略，攻剽城邑，人民飢困，二年間，相啖食略盡，頁一八二。

註二六　吳志卷二吳主孫權傳，黃武五年令，頁一一三二。

註二七　同上註。
另三國志集解卷四十七吳主孫權傳云：「父子夫婦，不能相卹。」頁九四〇（下），臺北藝文影印本。

註二八　魏志卷六袁術傳，頁二〇九。

註二九　晉書斠注卷十四地理志上，頁二六七（下）

註三〇　吳志卷十一朱治傳注引江表傳，頁一三〇四。
另參看(1)魏志卷十二崔琰傳，頁三六七——三六八。
(2)全三國文卷四十三董尋條（淸嚴可均編，世界書局印行）。

註三一　以上見全漢昇著中古自然經濟第一章㈢。

註三二　魏志卷六董卓傳云：……（楊）奉、（韓）暹等遂以天子都安邑，御乘牛車。……是時蝗蟲起，歲旱無穀，從官食棗菜。諸將不能相率，上下亂，糧食盡。……天子入洛陽，宮室燒盡，街陌荒蕪，百官披荆棘，依丘牆間。州郡各擁兵自衞，莫有至者，飢窮稍甚，尙書郎以下，自出樵采，或飢死牆壁間，頁一八六。

註三三　以上見魏志卷一武帝紀，頁一二。
另後漢書卷九孝獻帝紀所載與此略同，頁三七九。
又同書卷十四程昱傳所載與此同，頁四二七。

註三四　魏志卷十四程昱傳，頁四二七。

註三五　這種例子很多，實不勝擧。

另見⑴魏志卷十四劉曄傳，頁四四五。
⑵同書卷二十二陳羣傳，頁六三五。
⑶同書卷十荀攸傳，頁三一四。
⑷同書卷十五司馬朗傳，頁四六七。
⑸同書卷十五賈逵傳注引魏略楊沛傳，頁四八六。

註三六　孫本文著社會心理學第一編第一章第一節，頁四（民國五十一年，商務印書館印行）。

註三七　魏志卷一武帝紀，頁二。

註三八　同上書卷十四郭嘉傳注引傅子，頁四三二。

註三九　同上書郭嘉傳云：（荀）彧薦嘉。召見，論天下事。太祖曰：『使孤成大業者，必此人也。』嘉出，亦喜曰：『眞吾主也。』」
又魏志卷一武帝紀注引曹瞞傳及世語並云桓階勸王正位，夏侯惇以爲宜先滅蜀，蜀亡則吳服，二方既定，然後遵舜、禹之軌，王從之。……。

註四〇　孫子讀本，頁二（民國六十三年，大方出版社印行）。

註四一　同上註，頁一一一。

註四二　同上註，頁二三。

註四三　商君書卷一農戰篇，頁九（下），（四部備要本，中華書局印行，（下）指背面，（上）指前面，以下同）。

註四四　同上書卷一去彊篇，頁十五（下）——十六（下）。

註四五　管子第十五卷治國篇，頁九七，（萬有文庫薈要本㈠，商務印書館印行）。

註　四六　晉書斠注卷二十六食貨志，頁五七六（下）。

註　四七　張德粹著土地經濟學第十章第三節決定農地利用的基本因素，頁二四八——二四九（民國五十二年，正中書局印行）。

註　四八　魏志卷十五司馬朗傳說：「今承大亂之後，民人分散，土業無主，皆爲公田，……。」頁四六七——四六八。

又後漢書卷四十九仲長統傳說：「今田無常主，民無常居，…土廣民稀，中地未墾，……盡曰官田…。」頁一六五六。

註　四九　所謂經濟效率，一方面要考慮所使用的資源數量，另一方面又要考慮使用了以後所能產生的物品或勞務的數量及其品類。我們必須於使用各種資源之後，能使其產生最多的，以及最切合需要的物品與勞務，才算是眞正發揮了最大的能力。以上參看施建生著經濟政策第二章第三節經濟效率，頁三五——三七（民國五十七年，大中國圖書公司經售）。

註　五〇　參看同上書第一章第一節經濟政策的意義，頁一。

註　五一　參看蒙思明著六朝世族形成的經過（文史雜誌第一卷第九期，民國三十年八月出版）。

註　五二　參看薩孟武著中國社會政治史第五章，頁四二——四六。

註　五三　同註五〇。

註　五四　參看管東貴著漢代的屯田與開邊（中研院史語所集刊第四十五本第一分，頁二八——二九（民國六十二年十月出版）。

註　五五　匈奴在冒頓單于統治之下，武力强大，盛況空前。它東滅東胡，北服渾窳、屈射、丁零諸部。參看漢書卷九十四上匈奴傳（新校漢書集注本，頁三七五三（民國六十一年，世界書局印行）。

註　五六　關於匈奴經常入侵的原因，參看蕭啓慶著北亞遊牧民族南侵各種原因的檢討（食貨月刊復刊第一卷第十二期，民國六十一年三月出版）。

註　五七　同註五四。

註　五八　魏志卷二十一王粲傳注引文士傳，頁五九八。

註　五九　曹操爲了解決糧食問題，最初是從消費方面着手，禁酒可以視爲一例。此說見薩孟武著中國社會政治史第五章，頁四八。

註　六〇　魏志卷一武帝紀注引魏書所載與此稍異，頁一四。

註　六一　魏志卷一武帝紀注引魏書。然晉書斠注卷二十六食貨志云：「郡國列置田官」。又通典二一「列作例」。

註　六二　參看⑴晉書斠注卷三三石苞傳云：「石苞……徙鄴典農中郎將。」

⑵魏志卷十五賈逵傳：「逵前在弘農與典農校尉爭公事，不得理。」

⑶魏志卷二十二趙儼傳云：「文帝卽位，爲侍中，頃中，拜駙馬都尉，河東太子，典農中郎將。」

⑷晉書斠注卷三十七司馬孚傳云：「（魏）文帝時，後出爲河內典農……。」

⑸晉書斠注卷三三何曾傳說：「何曾……累遷……汲郡典農中郎將。」

⑹魏志卷二三裴潛傳注引魏略云：（王朗於）黃初中爲長吏，……遷襄城典農中郎將。」

⑺魏志卷二三裴潛傳云：「北出魏郡典農中郎將。」

⑻魏志卷九曹爽傳云：「（何）晏等專政，共分割洛陽、野王典農部桑田數百頃，及壞湯沐地以爲產業。」

⑼魏志卷十一袁渙傳云：「拜爲沛南部都尉，是時，新募民開屯田，民不樂，多逃亡。」

⑽魏志卷二十九管輅傳云：「輅至列人典農王弘直許之，……。」

⑾魏志卷十六倉慈傳注引魏略顏斐傳云：「靑龍中，司馬宣王在長安立軍市。而軍中士吏多侮侵縣民。斐以白宣王，宣王乃發怒，召軍士侯，便於斐前，鞭一百。時長安典農與共坐，以爲斐宜謝。」

⑿魏志卷二三趙儼傳云：「屯田客呂並，自稱將軍，聚黨據陳倉。」

註六三　該本紀注云：「周家祿晉書校勘記曰當作二十餘年，頁二六（上）。

註六四　以上並參看鞠清遠著曹魏的屯田（食貨半月刊第三卷第三期，民國二十五年一月出版）。

又以上諸地雖然有些是民屯的地區，但同時也具有上述的軍事上的價值，所以也列入軍屯的事例中。

註六五　三國時期國家領民以其性質的不同可分爲三種。一是州郡領民，二是屯田客，三是軍戶。這三種領民分屬於國家三種不同的行政系統之下，州郡領民屬於州郡縣政府，屯田客屬於典農中郎將、典農校尉與典農都尉，軍戶屬於將軍與州郡。以上參看何氏著三國時期國家的三種領民，食貨半月刊第一卷第十一期，民國二十四年三月出版）。

註六六　此見魏志卷二十三趙儼傳，頁六六九。

又同書卷二十八鄧艾傳注引世說新語，頁七七五。

註六七　見三國志職官表。

註六八　魏志卷十五賈逵傳云：「以（賈）逵領弘農太守。……其後發兵，逵疑屯田都尉藏亡民。都尉自以不屬郡，言語不順。逵怒，收之，數以罪，撾折脚，坐免。」

又本傳注引魏略說：「逵前在弘農，與典農校尉爭公事，不得理，乃發憤生癭，」頁四八一。

註六九　魏志卷十二司馬芝傳說：「後爲大司農。先是諸典農各部吏民，末作治生，以要利入。芝奏曰：『……自黃初以來，聽諸典農，治生，各爲部下之計，誠非國家大體所宜也。……今諸典農，各言「留者爲行者宗田計，課其力，勢不得不爾。不有所廢，則當素有餘力。」臣愚以爲不宜復以商事雜亂，專以農桑爲務，於國計爲便。』明帝從之。」頁三八八——三八九。

註七〇　晉書斠注卷四十七傅玄傳，頁九〇五（上）。又同書卷九曹爽傳注引魏略桓範傳云：（桓）範又謂（曹）羲曰：『卿別營近在闕南，洛陽典農治在城外，呼召如意，……所憂當在穀食，而大司農印章在我身。』」頁二九一。

註七一　魏志卷十五梁習傳云：「建安十八年（二一三），……又使於上黨取大材供鄴宮室。習表置屯田都尉二人，領客六百夫，於道次耕種菽粟，以給人牛之費。後單于入侍，西北無虞，習之績也。」頁四六九。

註七二　晉書斠注卷二十六食貨志，頁五七九。

註七三　以上參看陳嘯江著三國時代的經濟——補三國食貨志初稿（現代史學第二卷第一、二合期，民國三十年出版，頁一〇六——一〇七）。

註七四　吳志卷五十駱統傳云：「又聞民間……生產兒子，多不起養；屯田貧兵，亦多棄子。」頁一三三六。

註七五　晉書斠注卷四十七傅玄傳，頁九〇七（上）。

註七六　晉書斠注卷一〇九慕容皝載記，頁一八三六（下）。

註七七　魏志卷十六任峻傳注引魏武改事，頁四九〇。

註七八　參看同註六四。

註七九　漢書卷二十四上食貨志，頁一一三七。

註八〇　參看張德粹著土地經濟學第十七章，頁四二八。
註八一　參看拙文傅玄傅咸父子的經濟學說（國立編譯館館刊第一卷第四期，民國六十一年十二月出版）。
註八二　晉書斠注卷四十七傅玄傳云：「近魏初課田，不務多其頃畝，但務修其功力。故白田收至十餘斛，水田收數十斛。」頁九〇七（下）
註八三　史記卷一二九貨殖列傳（新校史記三家注本，民國六十一年十二月，世界書局印行，頁三二六一）。
註八四　關於這個問題參看全漢昇著唐宋帝國與運河第一章，頁二。
註八五　除上述者外，當曹操專政時，雖然曾經開鑿了許多河渠，但都是爲了通漕運糧，並非爲了灌溉之用。據魏志卷一武帝紀載，計有：于建安七年（二〇二），治睢陽渠；九年（二〇四），濟河，遏淇水入白溝；十一年（二〇六），鑿平虜渠、泉州渠；十八年（二一三），鑿渠引漳水入白溝以通河。另魏志卷二十六牽招傳云：「牽招……出爲雁門太守，……郡所治廣武，井水鹹苦，民皆擔輦遠汲流水，往返七里。招準望地勢，因山陵之宜，鑿原開渠，注水城內，民賴其益。」此爲飲水之用，不是爲了灌溉而開的。
註八六　參看同註七三，頁一〇八——一〇九及一一七——一一八。
註八七　同註七九。
註八八　同註七五。
註八九　同註七五。
註九〇　魏志卷二文帝紀注引獻帝傳載禪代衆事曹丕辭讓令。頁六六。
註九一　同註七四。
註九二　屯田客本來是沒有徭役的，至此及額外的增加了他們的徭役。例如魏志卷九曹眞傳附子曹爽傳注引干寶晉紀曰：「爽留車駕宿伊水南，伐木為鹿角，發屯田兵數千人以為衛。」頁二八七。又如明帝修築洛陽宮室時，常取典農部民為之。故魏卷書二十八毌丘儉傳曰：「出為洛陽典農。時取農民以治宮室，」頁七六一。

註　九三　例如魏志卷二十三趙儼傳說：「屯田客呂並自稱將軍，聚黨據陳倉，儼復率署等攻之，賊即破滅。」頁六六九。又如魏志卷十四蔣濟傳說：「太祖問濟曰：『今欲徙淮南民，何如？』濟對曰：『……然百姓懷土，實不樂從，懼必不安。』太祖不從，而江、淮間十餘萬衆，皆驚走吳。」頁四五〇。

註　九四　例如魏志卷九曹眞傳附子曹爽傳說：「（何）晏等專政，共分割洛陽、野王典農部桑田數百頃，及壞湯沐地以為產業，承勢竊取官物，因緣求欲州郡。有司望風，莫敢忤旨。」頁二八四。

註　九五　例如晉書斠注卷四十七傅玄傳說：「近魏初課田，不務多其頃畝，但務修其功力。」頁九〇七（下）

註　九六　同上註。

註　九七　同註九五。

註　九八　同註九五。

註　九九　魏志卷四陳留王紀，頁一五三。

註一〇〇　晉書斠注卷三武帝紀，頁六七（下）。

註一〇一　參看唐啓宇編著歷代屯墾研究（上）（下）冊（民國三十四年，正中書局印行。）

註一〇二　管子第五卷重令篇，頁六七——六八（萬有文庫薈要本㈠

註一〇三　同註四五。

註一〇四　同註四三。

註一〇五　同註四四。

註一〇六　魏志卷六袁紹傳，頁一八八——一九〇。

註一〇七　蜀志卷五諸葛亮傳，頁九一二。

註一〇八　孫子讀本軍爭篇李筌註曰，頁一一一。

註一〇九　魏志卷十二毛玠傳，頁三七四。

註一一〇　魏志卷六袁紹傳注引獻帝傳，頁一九六。

註一一一　同上註，頁二〇〇。

註一一二　蜀志卷十二杜微傳，頁一〇一九——一〇二〇。

註一一三　吳志卷二十華覈傳，頁一四六四。

註一一四　同上註，頁一四六五——一四六七。

註一一五　魏志卷二十七王基傳，頁七五二。

另同書卷二十一傅嘏傳說：「時論者議欲自伐吳，三征獻策各不同。詔以訪嘏對曰：『……而議者或欲汎舟徑濟，橫行江表，或欲四道並進，攻其城壘；或欲大佃疆埸，觀釁而動：誠皆取賊之常計也。…… 惟進軍大佃，最差完牢隱。兵出民表，寇鈔不犯；坐食積穀，不煩運士；乘釁討襲，無遠勞費：此軍之急務也。……』」

註一一六　魏志卷二十八鄧艾傳，頁七七五。

註一一七　同上註，頁七七七。

註一一八　同上註，頁七八二。

註一一九　同註一一七。

註一二〇　魏志卷十二鮑勛傳，頁三八五。

註一二一　荀子第十九卷大略篇，頁七，四部備要本。

註一二二　管子第一卷牧民第一，第一冊頁一。

註一二三　同書第十五卷治國第四十八，第二冊，頁九十七。

註一二四　見註四五。

註一二五　商君書農戰篇，頁五。

註一二六　見註四四。

註一二七　漢書卷二十四上食貨志（新校漢書集注本，頁一一二八，民國六十一年九月，世界書局印行）。

註一二八　同書同卷，頁一一三〇。

註一二九　同上註。

註一三〇　同註一二七，頁一一三三——三四。

註一三一　他廢除兩漢的租賦制度，改爲每畝納田租四升，每戶出絹兩匹，綿二斤，不再額外抽稅。嚴禁豪强兼併，並禁止豪强逼迫貧弱代出租賦。尤其廢除過去的口賦與算賦，減少了商賈剝削與壓榨百姓的機會。見魏志卷一武帝紀，頁二六。

註一三二　以上見魏志卷一武帝紀注引傅子，頁五五。

註一三三　吳國的刑罰殘酷，賦調繁重。當時張昭、顧雍與陸遜等人都說太重，請求孫權能減輕些。孫權推辭事不得已，拒絕減輕賦調，結果百姓被迫經常起兵反抗。這種殘虐的政治到凶頑的孫皓時達到頂點。故吳志卷三孫皓傳評曰：「皓之淫刑所濫，隕斃流黜者，蓋不可勝數。是以羣下人人惴恐，皆日日以冀，朝不謀夕。……其熒惑、巫祝，交致祥瑞，以爲至急。……況皓凶頑，肆行殘暴，忠諫者誅，讒諛者進，虐用其民，窮淫極侈，宜腰首分離，以謝百姓。」

註一三四　吳志卷二吳主孫權傳，頁一一四四。

註一三五　吳志卷三嗣主孫休傳，頁一一五八。

註一三六　吳志卷十四孫登傳，頁一三六四。

註一三七　魏志卷十二司馬芝傳云：「少爲書生，避亂荆州，於魯陽山遇賊，同行者皆棄老弱走，芝獨坐守老母。賊至，以双臨芝，芝叩頭曰：「母老，唯在諸君！」賊曰：「此孝子也，殺之不義。」遂得免害，以鹿車推載母。居南方十餘年，躬耕守節。」又云：「芝性亮直，不矜廉隅。與賓客談論，有不可意，便面折其短，退無異言。卒於官，家無餘財，自魏迄今爲河南尹者莫及芝。」

註一三八　魏志卷十二司馬芝傳，頁三八八——八九。

註一三九　魏志卷十三王肅傳，頁四一六——四一七。

註一四〇　同上註頁四一六。

註一四一　同註一三四，頁一一四〇。

註一四二　吳志卷十三陸遜傳，頁一三五〇。

註一四三　吳志卷三嗣主孫皓傳注引江表傳，頁一一六七。

註一四四　同上註，頁一一七三。

註一四五　同註一一三，頁一四六八。

註一四六　同註一一三，頁一四六八——一四六九。

註一四七　通典卷一食貨典序，新興書局發行。

註一四八　論語堯曰第二十（語譯廣解論語讀本，頁二五○，啓明書局印行）。

註一四九　吳兢撰貞觀政要第八卷，四部備要本，民國五十一年五月，中華書局印行。

註一五○　同上註。

註一五一　魏志卷二十五高堂隆傳，頁七○九——七一○，另見同書卷三明帝紀，頁一○六。

註一五二　魏志卷三明帝紀注引魏略，頁一一○。

註一五三　魏志卷二十五辛毗傳，頁六九八。

註一五四　以上見魏志卷三明帝紀，頁一○四——一○五及同書卷二十五高堂隆傳，頁七一一。

註一五五　同註一五二，頁一○五。

註一五六　以上見魏志卷十三鍾繇傳，頁三九九——四○○；卷十三王朗傳，頁四一二——四一三；同卷附子肅傳，頁四一六——四一七；卷二十二陳羣傳，頁六三六——六三七；卷二十二徐宣傳，頁六四六；卷二十二衞臻傳，頁六四八；卷二十四高柔傳，頁六八六；卷二十四孫禮傳，頁六九一；卷二十五辛毗傳，頁六九八；卷二十五楊阜傳，頁七○七——七○八；卷二十五高堂隆傳，頁七一二——七一三；同卷附棧潛傳，頁七一八——七一九；卷二十七王基傳，頁七五一；卷二十八毋丘儉傳，頁七六一，除此以外，司徒軍議掾河東董尋也上書切諫，見明帝紀注引魏略，頁一一○。

註一五七　參看劉氏著魏晉思想論第四章二，頁七○——七六。

註一五八　參看同上註，頁七一。

註一五九　參看同註一五七，頁七二。該書該頁中所引「夫治國之本有二，刑也德也……純用刑，强而亡者，秦也。」一段，羣書治要列入臣不易篇，全三國文則另列爲治本篇，嚴可均特於篇首註曰：「治要連屬上篇，審觀之，別是一篇也。篇名當是治本。」嚴氏這種分法似較合理。

註一六〇　羣書治要卷四十七桓範政要論節欲篇，頁六三六（四部叢刊本，商務印書館印行）。另見全三國文卷三十七桓範世要論（或稱政要論，或稱桓範新書等）節欲篇。

註一六一　羣書治要卷四十七政要論爲君難篇，頁六三三，另見全三國文卷三十七世要論爲君難篇。

註一六二　同上註。

註一六三　魏志卷十六杜恕傳，頁四九八。

註一六四　同註上，頁四九八——五〇〇。

註一六五　同註一六三，頁五〇二。

註一六六　參看魏晉思想論第四章(二)，頁七六——八〇。

註一六七　魏志卷十二鮑勛傳，頁三八五。

註一六八　見魏志卷十三華歆傳頁四〇五；同卷王朗傳頁四〇九。

附註：本論文經獲行政院國家科學委員會獎助

（原載國立編譯館館刊第四卷第二期，六十四年十二月出版。）